AF300118

CATALOGUE

D'ESTAMPES ANCIENNES

PRINCIPALEMENT

DE L'ÉCOLE FRANÇAISE DU XVIIIᵉ SIÈCLE

IMPRIMÉES EN NOIR ET EN COULEUR

PORTRAITS

VIGNETTES ET LITHOGRAPHIES

Dont la vente aux enchères publiques aura lieu

HOTEL DES COMMISSAIRES-PRISEURS, RUE DROUOT, Nº 5

SALLE Nº 4

Les Lundi 16, Mardi 17 et Mercredi 18 Mai 1881

A UNE HEURE ET DEMIE PRÉCISE.

———❧———

Par le ministère de Mᵉ **MAURICE DELESTRE**, Commissaire-Priseur,
27, rue Drouot, 27.

Assisté de **M. CLEMENT**, Marchand d'Estampes de la Bibliothèque Nationale,
rue des Saints-Pères, 3.

CONDITIONS DE LA VENTE

Elle sera faite au comptant.

Les adjudicataires payeront *cinq pour cent* en sus des enchères.

L'Expert, chargé de la vente, se réserve la faculté de rassembler ou de diviser les lots.

ORDRE DES VACATIONS

Lundi   **16 Mai**. — Numéros................ 1 à 268

Mardi   **17** — — —   .... 269 à 547

Mercredi 18 — — —   .... 548 à la fin.

Paris. — Typ. PILLET et DUMOULIN, 5, rue des Grands-Augustins.

DÉSIGNATION

ALLAIS

1 — Fac-simile des monuments coloriés de l'Égypte, d'après Pankoucke. Grand in-fol., en couleur.

ALIX (P.-M.)

2 — *Bailly* (Jean-Silvain), d'après Garneray. In-fol., en couleur. — Très belle épreuve.

3 — *Boileau-Despréaux* (Nicolas). In-fol., en couleur.—Belle épreuve.

4 — *Chalier*, d'après Garneray. In-fol., en couleur. — Très belle épreuve, marge.

5 — Michel *Lepelletier*, d'après Garneray. In-fol., en couleur. — Très belle épreuve, marge.

6 — M. A. C. *Corday*. In-fol., en couleur. — Superbe épreuve avant toutes lettres, marge.

7 — Portraits de Diderot, — Buffon, — Henri IV et Sully. — Quatre pièces en couleur.

8 — Napoléon Bonaparte, premier consul, d'après Appiani. In-fol., en couleur. — Belle épreuve.

ANONYMES

6 ✗ ✗ 9 — Portrait en buste du général de Charette : *dessiné après son arrival à Nantes le 7, où il était fusillé le 9 germinal.* In-8. — Très belle épreuve, marge.

6 ✗ 10 — Le même personnage, représenté en buste, le bras en écharpe ; en bas, comme armoiries, une charrette. In-fol. — Belle épreuve avant toutes lettres.

6 ✗ ✗ 11 — Le grand *Condé*, représenté à cheval, couronné par la Victoire et la Renommée. In-fol. — Très belle épreuve avant la lettre

8.50 ✗ 12 — Adrienne Lecouvreur dans le rôle de Cornélie. In-fol., en couleur. — Très belle épreuve avant toutes lettres.

7 ✗ 13 — Marie-Thérèse et Marie-Antoinette, représentées en buste, sur une même feuille. In-8, publié en Angleterre. — Très belle épreuve.

10 ✗ 14 — *Vergennes* (Ch.-Xavier, comte de). In-8.—Belle épreuve, avec marge.

7 15 — Portrait d'un prince anglais, représenté en buste. In-4, en couleur. — Belle épreuve, sans marge.

AUBERT (d'après)

2.50 16 — La Revendeuse à la toilette, par Cl. Duflos. — Belle épreuve.

AUDINET (d'après P.)

5— 17 — Charles-Philippe de France, Monsieur, frère du Roi, d'après Danloux. — Très belle épreuve, marge.

AUGRAND (P.)

3— 18 — Ninon de Lenclos, d'après Petitot. In-fol., en couleur. — Très belle épreuve.

4.50 19 — Cérémonie du mariage de S. M. l'Empereur et Marie-Louise, d'après Marlet. — Belle épreuve avant la lettre.

BARBIÉ ET HUBERT

2 ✗ 20 — *Chevert* (P. de). — *Chartres* (Joseph duc de). Deux portraits in-4. — Belles épreuves, marges.

BARTOLOZZI (F.)

21 — Adam et Ève, — Sujet de l'histoire d'Angleterre, etc. Trois pièces. — Belles épreuves à l'état d'eau-forte.

22 — Louis-Joseph de *Bourbon*, prince de Condé. In-fol. — Très belle épreuve, marge.

23 — *Marie-Christine*, archiduchesse d'Autriche, gouvernante générale des Pays-Bas, d'après Roslin. Grand in-fol. — Très belle épreuve avant la lettre, tirée en bistre.

BAUDOUIN

24 — *Biron* (L.-A. de Gontaut, duc de), pair et maréchal de France. In-fol. — Très belle épreuve, toute marge.

BAUDOUIN (d'après P.-A.)

25 — Les Cerises, par Ponce. — Belle épreuve, marge.

26 — Annette et Lubin, par N. Ponce. — Très belle épreuve.

27 — Le Couché de la Mariée, gravé à l'eau-forte par J.-M. Moreau, et terminé au burin par Simonet. — Très belle épreuve, marge.

28 — Le Désir amoureux, par Mixelle. (E. B. 19.) — Superbe épreuve avant toute lettre et avant que le groupe des deux amants, que l'on aperçoit à gauche, ait été remplacé par deux colombes.

29 — Le Jardinier galant, par Helman. — Très belle épreuve.

30 — Le Lever, gravé par Massard. — Très belle épreuve.

31 — Marchez tout doux, Parlez tout bas, par P.-P. Choffard. —Très rare épreuve avant toutes lettres et avant les armes.

32 — Marton, par N. Ponce. — Très belle épreuve.

33 — Le Modèle honnête, gravé à l'eau-forte par J.-M. Moreau, et terminé au burin par Simonet. — Très belle épreuve, marge.

34 — Perrette, par Guttenberg. — Très belle épreuve.

35 — Sa taille est ravissante, par Le Beau. — Très belle épreuve.

BAUDOUIN (d'après P.-A.)

36 — La Rencontre dangereuse, par Le Veau. — Très belle épreuve, grandes marges.

37 — Le Rendez-Vous, gravé en couleur à la manière du pastel, par L. Bonnet. — Très belle épreuve, sans marge.

38 — La Sentinelle en défaut, par N. De Launay. — Superbe épreuve, grandes marges.

39 — Le Soir, par de Ghendt. — Superbe épreuve avant la lettre et avec la tablette blanche, avant la draperie, marge.

40 — La Nuit, par de Ghendt. — Superbe épreuve avant la lettre, avec la tablette blanche, marge.

41 — La Soirée des Tuileries, par Simonet.—Superbe épreuve, marge.

BAUDOUIN ET HUET (d'après)

42 — Le Déjeuner. — Le Dîner. — Le Goûter. — Le Souper. Suite de quatre pièces gravées en couleur par Bonnet. — Très belles épreuves. Suite très rare à trouver complète.

BEAUVARLET (J.-F.)

43 — Le Couronnement d'Esther, d'après de Troy. — Belle épreuve avant toutes lettres.

44 — L'Évanouissement d'Esther, d'après de Troy. — Belle épreuve avant toutes lettres.

45 — L'Arrestation d'Aman, d'après de Troy. — Superbe épreuve avant toutes lettres, grandes marges.

BELLA (Ét. della)

46 — Les Cinq Morts, dans des ovales en hauteur, emportant des personnes de tout âge. Suite de cinq pièces. — Très belles épreuves.

47 — M. de *Marlborough*, tel qu'il était en 1668, quand il servait en qualité d'enseigne dans le régiment des gardes-françaises, gravé d'après Vander Meulen. In.4. — Très belle épreuve. Rare.

BELLICARD (C.)

48 — Loge des changes de Lyon, d'après Soufflot.—Très belle épreuve, grandes marges.

BLIGNY (A Paris, chez)

49 — *Chateauroux* (la duchesse de), d'après Nattier. — *Provence* (Marie-J.-L. de Savoie, comtesse de), d'après Drouais. Deux portraits in-4, gravés par Cathelin et Pruneau. — Très belles épreuves, marges.

BOILLY (d'après)

50 — Ça ira, gravé par Mathias. — Belle épreuve.

51 — Comment la trouvez-vous? A Paris, chez Bonnefoy. — Très belle épreuve, grandes marges.

52 — Marche incroyable, par Bonnefoy. Superbe et ancienne épreuve, marge.

BONNET (L.)

53 — L'Amant écouté. — L'Éventail cassé. — Deux pièces faisant pendants, gravées en couleur, d'après Huet.

54 — Les Boules de savon. — La Chèvre bien-aimée. — Les Échasses. Suite de quatre pièces gravées en couleur, d'après Huet. — Très belles épreuves.

55 — Jeune Femme en buste, gravé en couleur, à la manière du pastel, d'après Boucher. — Très belle épreuve.

56 — Le Premier pas à la fortune, gravé en couleur d'après Du Bois de Sainte-Marie. — Très belle épreuve. Rare.

57 — Les Revers de la fortune, gravé par L. Marin, en couleur. — Très belle épreuve.

58 — Tête de Flore (Portrait de Mme de Pompadour), gravé à la manière du pastel, par Bonnet. — Superbe épreuve, marge.

59 — *Du Barry* (Mme la comtesse), gravé en couleur par Bonnet en 1769. In-8. — Très belle épreuve. Rare.

BORÉ (A Paris, chez)

60 — *Provence* (Louis-Stanislas-Xavier de France, comte de).
— *Provence* (Marie-Josephe-Louise de Savoie, comtesse de).
Deux portraits in-4, faisant pendants. — Très belles
épreuves, toutes marges.

BOREL (d'après)

61 — L'Indiscret, par Dequevauviller. — Très belle épreuve
avec l'adresse du graveur.

BOUCHER (d'après F.)

62 — La Balançoire, — Fête de Bacchus, — Le Retour de
chasse, — Pescheurs. Suite de quatre pièces gravées par
Huquier. — Très belles épreuves, marges.

63 — La Balançoire, gravé par Huquier. — Belle épreuve,
marge.

64 — Les Charmes du printemps, — Les Plaisirs de l'été, —
Les Délices de l'automne, — Les Amusements de l'hiver.
Suite de quatre pièces gravées par Daullé. — Superbes
épreuves.

65 — L'Esté, — L'Automne, — L'Hiver. Trois pièces gravées
par Cl. Duflos. — Belles épreuves, grandes marges.

66 — Étude, gravée par Fessard. — Belle épreuve.

67 — Le Goûter de l'Automne, par R. Gaillard. — Belle épreuve,
marge.

68 — Groupe d'amours, — Vénus aux colombes. Deux pièces
gravées à la sanguine, par Demarteau. — Très belles
épreuves.

69 — Jupiter et Calisto, — Jupiter et Léda. — Deux pièces
gravées par Gaillard et Ryland. — Belles épreuves.

70 — Jupiter et Calisto, par R. Gaillard. — Belle épreuve,
avec marge.

71 — La Maraudeuse de fleurs, gravé à la sanguine par
Demarteau. — Très belle épreuve.

BOUCHER (d'après F.)

72 — Pensent-ils à ce mouton? par Mme Jourdan. — Superbe épreuve avant la lettre, toutes marges.

73 — La même composition, gravée au pointillé, sans noms d'artistes. — Très belle épreuve avant toutes lettres.

74 — Le Trait dangereux, gravé par Poletnich. — Très belle épreuve.

75 — Suite complète de dix gravures, gravées par Chedel, pour faunillane du comte de Tenin. — Très belles épreuves, toutes marges.

BOUCHER, GREUZE et BOUNIEU (d'après)

76 — La Liseuse, — L'Oiseau privé, — L'Innocence sous la garde de la Fidélité. — Trois pièces gravées par Ponce, Boizot, etc.

BOUNIEU

77 — Portrait d'homme vu de face, gravé à la manière noire. — Très belle épreuve avant la lettre, marge.

BRETON (A Paris, chez Mme)

78 — La Toilette du soir, pièce curieuse et rare, sans nom d'artiste. — Très belle épreuve.

BRIARD (d'après)

79 — Le Devin de village, par Jourd'heuil. — Très belle épreuve. — Grandes marges.

BROOKSHAW (R.)

80 — Jeune Femme en buste, d'après R.-E. Pine. In-8, en manière noire. — Belle épreuve.

BUCHERIE (A Paris, rue de la)

81 — La Mort du patriote Marat. Scène prise au moment où Charlotte Corday le poignarde. En bas, une légende avec complainte. — Belle épreuve, avec marge.

CARDON (Ant.)

82 — *Otto* (Louis-Guillaume), d'après Boze. In-4. — Belle épreuve, avec marge.

83 — *Palafox* (Don José Revollede de), capitaine général, d'après Roxas. In-4. — Très belle epreuve, marge.

CARICATURES

84 — Les Deux époques, — M. Toupet ou le Courtier d'amour. — Les Russes et les Anglais en goguette, — La Galanterie russe. — Quatre pièces publiées chez Genty.

85 — La Main chaude, — le Pont d'amour, — La Peinture, — La Sculpture, — Le Baiser à la religieuse, — Le Baiser à la capucine, etc. — Huit pièces publiées chez Jean.

86 — Six pièces en coulenr, tirées du Bon genre. — Belles épreuves.

87 — Grotesque Border for Rooms et Halls, — The effects of adversity, — Borders for Rooms. — Trois pièces par Rowlandson et Woodward.

88 — Caricatures anglaises, par Gillray Burgh, etc. Trente et une pièces en couleur. — Rares.

89 — Sous ce numéro, il sera vendu par lots soixante-treize pièces en couleur, pièces historiques, caricatures, etc., sur Napoléon Ier.

CARMONTELLE (d'après L.-C. dé)

90 — M. de *Bourneville*, représenté en pied, gravé par Delafosse. In-fol. Belle épreuve.

91 — Monseigneur le duc de *Chevreuse*, — Monsieur le comte de *Dunois*. Deux portraits in-fol., en pied, gravés par Fessard. — Superbes épreuves, avec marges.

92 — *Clairault* (Alexis-Claude), de l'Académie des sciences, gravé par Delafosse. In-fol. — Belle épreuve.

93 — Jeune Femme assise, faisant de la tapisserie, gravé à la sanguine par Demarteau. — Très belle épreuve.

CARS (L.)

94 — Iris au bain, d'après le Moyne. — Belle épreuve, marge.

CARRÉE

95 — Une Perspective de la fontaine des Innocents. En couleur. — Très belle épreuve.

96 — La même estampe. — Belle épreuve.

CASA (N. della)

97 — Cosme de *Médicis*, d'après B. Bandinelli. In-fol. — Belle épreuve.

CHALLE (d'après M. A.)

98 — Le Repos interrompu, par Vidal. En couleur. — Très belle épreuve, marge.

99 — La Défaite, — La Conviction. Deux pièces gravées par Marchand. — Très belles epreuves.

CHARDIN (d'après J.-B.-S.)

100 — Les Bouteilles de savon, par Fillœul. — Très belle épreuve, rare.

101 — Etude du dessin, par P. Le Bas, — La Maîtresse d'école, par Lépicié. (E. B., 18 et 38.) Deux pièces faisant pendants. — Superbes et très rares épreuves avant toutes lettres et avant les armes, marges.

102 — L'Inclination de l'âge, — Le Toton, — L'Écureuse. Trois pièces gravées par Cochin, Lépicié et Surugue. — Belles épreuves.

103 — L'Ouvrière en tapisserie, par J.-J. Flipart. — Très belle épreuve, marge.

104 — Portrait de Marguerite-Siméone Pouget, gravé par Chevillet. — Très belle épreuve, marge.

CHARLIER (d'après)

105 — Un tendre engagement va plus loin qu'on ne pense, — L'Hymen et l'Amour. Deux pièces faisant pendants gravées par Elluin. — Très belles épreuves, dont une avant toutes lettres.

CHENU

106 — *Favart* (Mme), actrice, d'après Garand. In-8. — Très belle épreuve, avec marge.

CHEREAU (F.)

107 — *Fleury* (A.-H., cardinal de), d'après Rigaud. In-fol.— Très belle épreuve, avec marge.

CHEVILLET

108 — L'Amour maternel, d'après de Peters. — Belle épreuve.

109 — La Santé portée, — La Santé rendue. Deux pièces faisant pendants, d'après Terburg. — Très belles épreuves, grandes marges.

CHODOWIECKI (D.)

110 — Les Adieux de Calas à sa famille. In-fol., en largeur.— Belle épreuve.

111 — Les Charlatans. Jolie pièce gravée à l'eau-forte.—Belle épreuve.

CHOFFARD

112 — Vue des eaux de Brunoy, gravé par P.-P. Choffard. — Très belle épreuve, grandes marges.

COCHIN (d'après C.-N.)

113 — *Cochin* (C.-N.), gravé par J. Daullé, en 1754. In-4. — Très belle épreuve.

114 — *Cochin* (C.-N.), chevalier de l'ordre du Roi, gravé par Aug. de Saint-Aubin, en 1771. (E. B. 47.) — Très rare épreuve du premier état, avant toutes lettres, à l'eau-forte pure.

115 — Le même portrait. — Très rare et superbe épreuve avant toutes lettres, seulement les initiales du graveur au milieu du bas.

116 — Le même portrait. — Très belle épreuve.

COCHIN (d'après C.-N.)

117 — *Beaumarchais* (P.-A. Caron de), gravé par Saint-Aubin).
In-4. — Belle épreuve.

118 — *Bruté* (J.), prêtre de Paris, gravé par Meliny. In-fol. —
Belle épreuve.

119 — *Caradeuc de la Chalotais* (Louis-René de), procureur
général au parlement de Bretagne, gravé par E.-P. Moitte.
In-4. — Très belle épreuve, toute marge.

120 — J.-S. *Chardin*, — P. *Cayeux*, — Ch. *Goldoni*, — *Clair-*
rault, — David *Hume*, — Victor *Tristant*. — Six portraits
in-4, par divers graveurs. — Belles épreuves.

121 — *Fréron* (E.-C.), gravé par Hubert. In-4 — Très belle
épreuve, marge.

122 — N.-J. de *Mereaux*; — N. Roze, — C.-T. Godefroy de
Villetaneuse. — L.-F. *Prault*, — M.-G. *Fieux*, — J.-L. *La-*
ruette. Six portraits in-8, faisant partie de la Société académique des enfants d'Apollon, gravés par Cathelin,
Miger et Saint-Aubin. — Superbes épreuves, grandes
marges.

123 — *Moreau* (J.-M., le jeune), gravé par Aug. de Saint-Aubin. In-8. — Superbe épreuve, grandes marges.

124 — *Philidor* (A.-D.), maître de chapelle de Son Altesse
Monseigneur le duc régnant des Deux-Ponts, gravé par
Saint-Aubin. In-4. — Très belle épreuve, marge.

125 — *Piron* (Alexis), par Aug. de Saint-Aubin. In-4. — Belle
épreuve.

126 — *Raynal* (Th.), — *Diderot*, — *D'Alembert*. Deux portraits différents. — *Chevert* (F. de). Cinq portraits in-4, gravés par Le Grand, Cathelin et Wattelet. — Très belles
épreuves, marges.

127 — La Mort de Louis XV. (Cette estampe fait partie de
l'histoire de Louis XV, par médailles, gravées par Cochin, en 1753.) — Très belle épreuve avant la lettre,
marges.

COCHIN (d'après C.-N.)

128 — Le Château de cartes, — l'Enfance, — l'Age viril. Trois pièces gravées par Dupuis, Cochin et Duclos. — Belles épreuves, une est avant la lettre. *N. 14*

129 — Solennité des Mariages... gravé par Tardieu. — Belle épreuve.

COCHIN et MOREAU (d'après)

130 — F. *Dumont,* — C.-A. *Nau-Deville,* — Ét. *Mandini,* — P.-H. de *Valenciennes,* — *Lancez,* — A.-L. *Piot,* — S. *Chenard.* Sept portraits in-8, gravés par Mme Lingée et Saint-Aubin, pour la Société académique des enfants d'Apollon. — Superbes épreuves avec marges, rares.

COPIA

131 — Marat, tel qu'il était au moment de sa mort, d'après David ; en bas, cette légende : *Ne pouvant le corrompre, ils l'ont assassiné.* — Très belle épreuve, marge.

132 — Un Soldat sous la République, d'après Sablet. In-fol. — Belle épreuve avant la lettre.

COSSIN (L.)

133 — *Doujat* (J.), jurisconsulte, d'après F. Sicre. In-fol., avant la lettre. — Le même personnage, plus âgé. In-4. Deux portraits. — Très belles épreuves.

COSTUMES

134 — Costumes d'Angleterre, costumes de cour, habits civils et militaires, par Atkinson. Cinquante pièces gravées à la manière du lavis. — Rares.

135 — Costumes et modes de 1815 à 1830. Quatre-vingt-dix pièces.

136 — Costumes d'hommes et de femmes vers 1790. Quinze pièces, in-8.

137 — Louis XVIII, — Joseph-Napoléon, — Henri IV, — Le Duc de Berry, — François II, — Le Duc d'Orléans, — Beauharnais, — Le Général Dupont, etc. — Onze portraits équestres, en grands costumes militaires, publiés chez Jean. — Rares.

COSTUMES

138 — Dragons, chasseurs, huzards, mousquetaires, etc. Huit pièces.

139 — Costumes français, hommes et femmes. In-fol., en couleur, publiés chez J. Chereau. Cinq pièces. — Rares.

140 — Collection des drapeaux de la garde nationale parisienne pendant la première République. Trente pièces coloriées en 1 vol. in-fol., cartonné.

140 bis. — Costumes, par Bonnard, Vernet. Gillot, etc. Quatorze pièces.

COSWAY (d'après R.)

141 — Mistress *Fisherberg*, par J. Condé.—Très belle épreuve, Rare.

142 — Mme Lebrun, de l'Académie royale de peinture. In-4, en couleur. — Belle épreuve.

143 — Mrs *Tickell*, par J. Condé. In-fol., en couleur. — Très belle épreuve, marge.

144 — Le même portrait. — Très belle épreuve, avec marge.

145 — Jeune Femme assise dans un fauteuil, coiffée d'un chapeau à larges bords. En couleur. — Belle épreuve, sans marge.

COUTELLIER

146 — Mme *Du Gazon*, reçue à la Comédie-Italienne, en 1776. In-4, en couleur. — Très belle épreuve.

147 — *Michu*, reçu à la Comédie-Italienne, en 1776. In-4, en couleur. — Très belle épreuve.

148 — Mme *Julien*, — Mlle *Colombe* l'aînée. Deux portraits in-4, en couleur. — Très belles épreuves.

149 — Mlle Maillard, de l'Académie royale de musique. In-4, en couleur. — Très belle épreuve, marge.

COYPEL (d'après C^h.)

150 — La Matrone d'Ephèse, gravé par L. Desplaces. In-fol., en hauteur. — Très belle épreuve.

COYPEL (d'après Ch.)

151 — Modes, mois de février 1714 et 1726. — Belle épreuve.

CREPY (A Paris, chez)

152 — Le Départ de la chasse, — Le Retour de la chasse. Deux pièces faisant pendant. — Très belles épreuves.

153 — A bon chat bon rat, — La Suivante Comode. Deux pièces faisant pendant. — Très belles épreuves.

CROISEY (P.)

154 — *Marie-Antoinette*, archiduchesse d'Autriche, Dauphine de France. In-fol. — Très belle épreuve. Rare.

DAMBRUN

155 — *Marie-Antoinette* Josephe Jeanne d'Autriche, reine de France. In-4. — Très belle épreuve, toutes marges.

DAUMONT (A Paris, chez)

156 — La Ville de Paris, prise entre le pont Royal et le Pont-Neuf, — Le Pont Marie et le pont au Change, — Le Pont au Change, — Le Pont Royal et le Pont-Neuf, — La Place Dauphine, à Paris, — Le Pont Saint-Michel, — Le Palais des Tuileries, du côté de la cour, etc. Huit pièces. In-fol., en largeur. — Très belles épreuves, marges.

DE BREA

157 — M^llo *Renaut*, l'aînée, reçue à la Comédie-Italienne le 19 mai 1785. In-4, en couleur. — Très belle épreuve. Rare.

DEBUCOURT (P.-L.)

158 — Promenade du jardin du Palais-Royal, 1787. En couleur. — Très belle épreuve.

159 — Le Compliment, ou La Matinée du jour de l'an. En couleur. — Très belle épreuve.

160 — L'Orange, ou Le Moderne jugement de Pâris. — Superbe épreuve, marge.

161 — Le Gourmand. Jolie pièce de forme ronde. — Très belle épreuve, marge.

DEBUCOURT (P.-L.)

162 — Héro et Léandre, poème en trois chants... Paris an IX. 1 vol. grand in-4, orné de neuf gravures dessinées et gravées en couleur par Debucourt. — En épreuves superbes.

163 — Réception de Mme la duchesse de Berry par Sa Majesté Louis XVIII et la famille royale, à Fontainebleau, le 15 juin 1816, d'après C. Vernet. En couleur. — Superbe épreuve avec marge. Très rare.

164 — La Calèche, d'après Vernet. En couleur. — Très belle épreuve.

165 — Ils sont heureux. — Très belle épreuve en couleur, marge.

166 — Elle est prise. En couleur. — Très belle épreuve.

167 — La Rose mal défendue. En couleur. — Superbe épreuve.

168 — Les Joueurs de boules, d'après Vernet. En couleur. — Très belle épreuve.

169 — Les Amateurs de plafonds au Salon, d'après Vernet. En couleur. — Très belle épreuve.

170 — *Haüy* (René-Juste), d'après Vangorp. In-fol. — Belle épreuve avec marge. Rare.

171 — *Louis XVIII*, représenté en buste, d'après Isabey. In-fol. — Très belle épreuve, marge.

DE LAUNAY (N.)

172 — *Choiseul* (Étienne-François, duc de), d'après Vanloo. In-4. — Belle épreuve, grandes marges.

173 — L'Abbé de *Voisenon*, d'après Vigié. In-8. — Belle épreuve avant la lettre, grandes marges.

174 — *Le Clerc* (Sébastien), d'après Nonnotte, — *De Troy* (Jean-François), d'après Aved. Deux portraits. In-fol. — Très belles épreuves avant la lettre.

DEMARTEAU ET J.-B. LUCIEN

175 — Le Château de cartes, — La Vendange, — Études d'amours, etc. Six pièces, d'après Boucher, Leprince, Courtois, etc. — Belles épreuves.

DE NON

176 — *Voltaire*. Trente-six croquis différents, gravés sur une même planche. — Très belle épreuve avant la lettre, marge.

DESCOURTIS

177 — L'Amant surpris, d'après Schall, en couleur. — Superbe épreuve, marge.

DESHAYES (d'après J.-B.)

178 — La Fidélité surveillante, par Hémery. — Belle épreuve avant la lettre.

DESMAISONS (d'après)

179 — Mariage à l'église au xviiie siècle, dans le grand monde. En-tête pour une lettre de mariage, gravé par L. T. Chenu, femme Desmaisons. — Très belle épreuve, avec la feuille double.

180 — Vue perspective de la loge de la Parfaite-Union à l'O.*.*. de Rouen, d'après F. Rochet. — Très belle épreuve, marge.

DESNOS (A Paris, chez)

181 — Louis-Auguste, Dauphin de France, depuis Louis XVI. In-4, en buste, dans une guirlande de roses. — Très belle épreuve, marge.

DESRAIS (C.-L.)

182 — Portrait d'homme vu de face, une canne à la main, se promenant dans la campagne. — Très belle épreuve avant la lettre, grande marge, en bas, à gauche : C. L. Desrais del. 1778.

DESRAIS (d'après C.-L.)?

183 — Ce que j'étais, ce que je suis, ce que je devrais être, — Avant, Après, Comme on fait son lit on se couche. Deux pièces faisant pendant, en couleur. — Très belles épreuves. Rares.

DESRAIS et LECLERC (d'après)

184 — Costumes français, habillements de femmes à la mode, gravés par Dupuis, Voysard, etc. ; publiés chez Énault et Rapilly. Onze pièces. — Superbes épreuves avec marges, avant les numéros.

DESRAIS et ROUSSEAU (d'après)

185 — La Douce comparaison, — Le Bonheur interrompu. Deux pièces en couleur faisant pendant, gravées par Pomel. Très belles épreuves, grandes marges.

DESROCHERS

186 — *Law* (Jean), contrôleur général des finances. In-8.

187 — *Marlborough*, — J. Du *Puy*, — Ch. Du *Moulin*, — O. de *Clisson*, — Le Roi de Prusse, — *Blanche* de Castille, — Le Cardinal de *Noailles*, — P. *Bayle*, — Melchior de *Polignac*, etc. Vingt portraits. In-8. — Belles épreuves.

DIEN

188 — *Choiseul-Gouffier* (le comte de), ambassadeur à Constantinople, d'après Boilly. In-fol. Deux épreuves, dont une avant la lettre, sur chine.

DIVERS

189 — Les Offres réciproques, — Canadiens au tombeau de leur enfant, — Agar renvoyée par Abraham. Trois pièces gravées par Ingouf, Wille et Porporati.

190 — Caricatures politiques sur Louis XIV, publiées en Hollande. Trente pièces.

191 — Les Batailles d'Alexandre, — La Galerie des Gobelins, — Etudes de têtes, — Paysages et animaux, d'après Berghem, etc. Cinquante-deux pièces.

192 — *Christine*, reine de Suède, — Princesse *Victoria*, — Mme *Dufresnoy*, — Mme *Elisabeth*, — E. S. *Cheron*, — G. d'*Estrées*, — G. *Sand*, — Mme de *Montespan*, — Mme de *Sévigné*, — Jeanne d'*Albret*, etc. Vingt-deux portraits in-8 et in-4 de femmes célèbres, gravures et lithographies.

DIVERS

193 — P. F. *Coppette,* — Abbé *Carron,* — J. P. *Camus,* — Mgr l'évêque d'*Hermopolis,* — Mgr *Morlot,* — Mgr *Darboy,* — l'Abbé *Châtel,* — le Père *Hyacinte,* etc. Vingt portraits in-8 et in-4, gravures et lithographies.

194 — Portraits de J. Elzevier, — Le Baron de Bonrepos et Stanislas, roi de Pologne. Trois portraits in-fol. gravés par Houbraken, Lombard et Lotha.

195 — Henri IV, — Louis XIV, — Louis XV, — Mme du *Chatelet,* — *Lamoignon de Malesherbes,* — *Milton,* — *Napoléon,* — le duc de *Reichtadt,* etc. Neuf portraits in-fol. par divers graveurs. — Belles épreuves.

196 — Marat et Charlotte Corday. Huit portraits in-4 et in-8.

197 — Maria Fœderowna de Wurtemberg, grande duchesse de Russie, — Maria Fedorovna, impératrice de toutes les Russies, — Madame la grande duchesse de Russie. Trois portraits in-4 et in-8 du même personnage. — Belles épreuves, avec marges.

198 — Portraits et allégories sur Mirabeau. Trois pièces. — Belles épreuves, dont deux avant la lettre.

199 — *Rameau,* — *Baptiste* aîné, — *Desgenettes,* médecin en chef de l'armée d'Orient, — Le Général de *Charette,* — J. F. *Denis,* — *Louis XV,* — M. *Charles,* aéronaute. Douze portraits in-8 et in-4, par divers graveurs; plusieurs sont avant la lettre, avec grandes marges.

200 — L'Abbé *Suger,* — Gérard *Rousse,* — Mme de *Cimay,* Jean *Leclerc,* — P. *Paoli,* — Louis XVI, etc. Dix portraits in-4, par Desrochers, Vander Bruggen, Valentini, Voyez, etc. — Belles épreuves.

201 — *Therwuldsen,* sculpteur, — E. J. *Delécluse,* — Le comte d'*Arundel,* — Oudinot, duc de *Reggio,* — A. de Lamartine. Deux portraits différents. Six portraits in-fol. gravés par Girard, G. Levy, Forster, Tardieu, Gérard et Luederitz. — Belles épreuves.

DIVERS

202 — *Voltaire,* — J. P. *Bignon,* — Mme *Deshoulières,* — *Descartes,* — Parrocel, — Henri IV, — Ant. *Singlin,* — Habert de *Montmort,* — Ant. *Arnauld,* — La Place Royale par La Belle, — Le Sacre de Louis XVI, etc. Dix-huit pièces.

203 — Portraits de peintres et architectes célèbres. Vingt pièces, gravures et lithographies.

204 — Portraits de poètes et écrivains célèbres. Quarante pièces, gravures et lithographies.

205 — Ministres, généraux et hommes politiques. Quarante portraits, gravures et lithographies.

206 — Portraits de princes et souverains français et étrangers. Trente pièces, gravures et lithographies.

207 — Portraits de médecins, savants et célébrités diverses. Trente pièces, gravures et lithographies.

208 — Portraits de personnages célèbres par Montcornet, de Larmessin, Daret Vangelisty, etc. Dix-huit portraits in-8 et in-4, par divers graveurs. — Belles épreuves.

209 — Portraits de bourgmestres, échevins, jurisconsultes d'Amsterdam. Cent vingt et une pièces, gravures et lithographies.

210 — Portraits de poètes de Utrecht. Vingt-sept pièces.

211 — Hommes d'État et jurisconsultes de Over-Ysel et Gueldres. Trente et une pièces.

212 — Hommes d'État et jurisconsultes de la Hollande. Environ deux cents portraits, gravures et lithographies.

213 — Portraits d'acteurs et d'actrices, scènes de théâtre, par Duplessis-Bertaux. Vingt et une pièces, gravures et lithographies.

DROUAIS (d'après F.-H.)

214 — Le Comte d'Artois, enfant, et Mme Clotilde, sa sœur, montée sur une chèvre, par Beauvarlet. — Très belle épreuve, marge.

215 — Les enfants du roi de Sardaigne, par D. Melini. — Superbe épreuve, grandes marges.

DUCLOS (A.-J.)

216 — Groupe d'enfants et d'amours, représentant les arts libéraux, d'après Le Prince. — Très rare épreuve à l'état d'eau-forte.

217 — L'Avare, vignette in-4 gravée en 1771. — Épreuve avant la lettre, grandes marges.

DUGOURE (d'après J.-D.)

218 — Le Lever de la mariée, gravé par Trière. — Très belle épreuve, grandes marges.

DUPIN

219 — Le chevalier *d'Assas*, représenté en buste dans un médaillon posé sur un cartouche, où est représentée la scène de sa mort. — Sophie-Charlotte de Mecklenbourg Strelitz, reine d'Angleterre, d'après Désrais. Deux portraits in-4. Très belles épreuves, grandes marges. *4*

DUPIN et LE BEAU

220 — *Penthièvre* (Louis-Jean-Marie, duc de), d'après Queverdo, — *Necker*, directeur général des finances, d'après Le Clerc. Deux portraits in-4. — Belles épreuves avant les numéros, marges. *3*

DUPLESSIS-BERTAUX

221 — Envahissement de la Convention le 1er prairial an III. Le peuple présentant la tête du député *Féraud* à Boissy d'Anglas et demandant du pain et la constitution de 1793. Pièce rare, gravée à l'eau-forte, d'après Monnet. — Très belle épreuve.

222 — Séparation de Louis XVI avec sa famille. Composition de neuf figures. — Rare épreuve à l'état d'eau-forte.

223 — Apothéose de Louis XVI, d'après Chasselat. In-4. — Rare épreuve à l'état d'eau-forte, marge.

224 — Revue passée par le premier Consul dans la cour des Tuileries. — Rare épreuve à l'état d'eau-forte.

DUPLESSIS-BERTAUX

225 — Fête donnée au premier Consul à Rome. — Rare épreuve à l'état d'eau-forte, avant toutes lettres.

226 — Entrée de Sa Majesté Louis XVIII à Paris. In-fol. en largeur. — Très rare épreuve à l'état d'eau-forte, avant toutes lettres.

227 — Recueil de cent sujets de divers genres, composés et gravés à l'eau-forte par J. Duplessis-Bertaux. — Superbes épreuves de la première édition de 1814, avec texte anglais et français, en 1 vol. in-4 oblong, cartonné.

228 — Gueux et Mendiants. Suite de douze pièces gravées dans le goût de Callot. — Très belles épreuves, toutes marges.

229 — La mort de Marat, — Arrestation de Charlotte Corday. Deux pièces des *Tableaux de la Révolution*. — Très rares épreuves à l'état d'eau-forte, toutes marges.

230 — Estampes pour les *Tableaux de la Révolution*. Dix-huit pièces. — Très rares épreuves à l'état d'eau-forte, toutes marges.

231 — Estampes pour les *Campagnes d'Italie*, avec le portrait de l'Empereur. Vingt-deux pièces. — Très rares épreuves à l'état d'eau-forte, grandes marges.

232 — Pièce tirée des *Campagnes d'Italie*, d'après Vernet. — Épreuve à l'état d'eau-forte.

233 — Vignettes en-tête de pages, pour les *Campagnes de Napoléon et l'Histoire de France*, d'après Swebach, Lafitte, etc. Vingt et une pièces. — Très rares épreuves à l'état d'eau-forte, grandes marges.

234 — Le Républicain Desessarts représenté en pied. In-4. — Très belle épreuve, marge.

DUPONT (M. Henriquel)

235 — *Molière* (J. B. Poquelin de), d'après Ingres. In-fol. — Belle épreuve, grandes marges.

DUPONT (M. Henriquel).

236 — *Montaigne* (Michel de). In-4. — Épreuve avant la lettre, sur chine.

237 — Mme *Feuillet de Conches*, — Achille *Allier*, — Le Pape Grégoire XVI, — *Walcher*, — *Rachel*, — J. *Coiny*, — Buttura, — A. *Tardieu*, — C. *Vernet*, etc. Dix-neuf portraits, avant et avec la lettre.

EARLOM (R.)

238 — Fac-simile de dessins, d'après Cypriani. Trente-quatre pièces. — Très belles épreuves, grandes marges.

ÉCOLE ANGLAISE

239 — Promenade, Winter costume 1824-1825, — The chain pier at brighton With Characters, — The mail Guard. Trois pièces en couleur, par Dubourg, Hunt, etc. — Très belles épreuves, grandes marges.

240 — Un danseur. En couleur.

241 — Sous ce numéro, il sera vendu, par lots, un portefeuille contenant environ trois cents pièces, d'après les peintres de l'École anglaise. Épreuves à l'état d'eau-forte

ÉCOLE FRANÇAISE DU XVIIIe SIÈCLE

242 — Bal masqué à l'Hôtel-de-Ville, sous Louis XV. Pièce curieuse, avec costumes de 1739. — Belle épreuve, sans marge.

243 — Vue de l'intérieur du nouveau cirque du Palais-Royal et des Ambassadeurs du Nabab-Tipou. Pièce curieuse, gravée en bistre. — Très belle épreuve. Rare.

244 — Lafayette, Bailly et Mme Bailly, représentés avec des corps de coqs et de poules. Petite pièce en couleur de forme ronde, connue sous le titre de : M. et Mme Coco. — Rare.

245 — Lecture de la Gazette littéraire. Pièce satyrique, gravée à l'eau-forte. — Très belle épreuve. — Rare.

246 — L'Attention dangereuse. Jolie pièce en couleur, de forme ovale. Très belle épreuve avant toute lettre.

ÉCOLE FRANÇAISE DU XVIIIᵉ SIÈCLE

247 — Le Diner du peintre Casanova. Jolie pièce gravée à l'eau-forte. — Belle épreuve, marge.

248 — Il est pris, — La Fête de la grand'maman, — La Noce de village, — Le Déjeuné de Fanfan, etc. Cinq pièces en couleur, par Debucourt, Janinet, Mallet, etc.

249 — L'Heureuse Famille. In-fol. avant toutes lettres.

250 — Le Devin de village, — L'Esté, — Que la nature est agréable, — Vue d'une fontaine antique, — Offrande à l'amour. Cinq pièces d'après Lancret, Huet, etc. En noir et en couleur.

251 — Vues de Paris et du château de Saint-Germain. Huit pièces tirées du *Voyage en France*. — Belles épreuves.

252 — Titon et l'Aurore, — La Mendiante, — La Chaste Suzanne, — Vulcain et Cérès, etc. Cinq pièces gravées par Lempereur, Daullé, Avril et Gunst.

253 — L'Architecture, — Scènes d'Enfants, — Prise de Toulon, — Bataille de Léoben, — Estampes, d'après Mieris et Metzu, pour le cabinet Choiseul, etc. Neuf pièces dont une à l'eau-forte et une en couleur.

254 — Portraits et compositions diverses, d'après Binet, Huet, Cochin, Slodtz, Pater, Watteau, Boucher, Lemoine, Jeaurat, etc. Vingt-sept pièces.

255 — Expériences aérostatiques et portraits de M. Blanchard. Douze pièces rares.

256 — Madame Contat dans le rôle de Suzanne du Mariage de Figaro, in-4, — Le Printemps, — Jupiter et Léda, etc. Quatre pièces gravées par Janinet, de Longueil et Saint-Aubin.

257 — Voltaire couronné par les Comédiens français et italiens. In-4 colorié. — Belle épreuve.

258 — Portrait de François Walter, en buste, dans un cadre octogone. — Très rare épreuve à l'état d'eau-forte; la figure dessinée au crayon.

ÉCOLE FRANÇAISE DU XVIIIᵉ SIÈCLE

259 — Louis XVI et Marie-Antoinette, représentés en bustes, sur une même planche in-8. — Belle épreuve.

260 — Portrait de femme en buste gravé à l'eau-forte. In-8 sans noms d'artiste. — Rare.

261 — L'Heureuse Famille, pièce de forme ovale, sans nom d'artiste. — Très belle épreuve.

262 — L'Instant désiré. Pièce rare, sans marge.

EDWARMAY

263 — Saint Louis portant la couronne d'Epines. Chromolithographie d'après les vitraux de la Chapelle de Dreux.

EISEN (d'après Cʜ.)

264 — Le Concert champêtre, gravé par Delongueil. — Très belle épreuve avant toutes lettres.

265 — Le Concert mécanique, par Delongueil. — Très belle épreuve du premier état, avec le lustre.

266 — Le Printemps, — L'Été, — L'Automne. Trois pièces gravées par Delongueil. — Belles épreuves.

267 — La Vertu sous la garde de la Fidélité. Gravé par Le Beau. — Belle épreuve.

268 — *Mareilles* (P.-B.-H. de Letancourt, comtesse de). gravé par Delongueil, in-4. — Très belle épreuve. Rare.

FISHER

269 — *Polignac* (Madame la Duchesse de), d'après Madame Le Brun, in-4. — Très belle épreuve avec marge. Rare.

FLAMEN (Aʟʙᴇʀᴛ)

270 — Poissons de mer et Poissons d'eau douce. Soixante-huit pièces divisées en diverses suites, avec titres, seront vendues par séries.

FRAGONARD (d'après H.)

271 — Le Baiser à la dérobée, par N.-F. Regnault. — Très belle et très rare épreuve avant toutes lettres ; seulement le nom de Regnault, tracé à la pointe, sous le trait carré à droite.

272 — La chemise enlevée, par E. Guersant. — Superbe épreuve, grandes marges.

273 — Buste de femme, le sein découvert. Joli pièce gravée à la sanguine, publiée en Angleterre en 1782. In-8. — Superbe épreuve. Très rare.

274 — La Culbute, gravé au bistre par Charpentier. — Très belle épreuve. Rare.

275 — La Fontaine d'amour, par N.-F. Regnault. — Très belle épreuve avant toutes lettres.

276 — Le Songe d'Amour, par N.-F. Regnault. — Très belle épreuve avant la lettre.

277 — La Gimblette, gravé par Bertony. — Superbe épreuve avant toutes lettres et avant les armes, avec des essais de burin dans la marge du bas.

278 — Les Hasards heureux de l'escarpolette, gravé par N. De Launay. — Superbe épreuve, de la planche carrée.

279 — L'Heureuse fécondité, par N. De Launay. — Belle épreuve, grandes marges.

280 — L'Innocence inspire la tendresse, gravé par Voisard. — Superbe épreuve avant la dédicace, grandes marges.

281 — L'Instant désiré, — Le Baiser. Deux pièces faisant pendant, gravées par Marchand. — Très belles épreuves.

282 — Les Jets d'eau, — Les Pétards. Deux pièces faisant pendants, gravées par Auvray. — Superbes épreuves avant les vers et avant les draperies, marges. Très rares en cet état.

283 — Le Verre d'eau, par Ponce. — Belle épreuve, marge.

FRAGONARD (d'après H.)

284 — Fleuron du titre du tome Ier des Contes de La Fontaine, gravé par **P. P. Choffard**. — Très belle épreuve avant toutes lettres, tirée hors texte.

285 — Joconde (l'Aveu), gravé par Trière. — Très belle épreuve avant la lettre, marge.

286 — Le Cocu battu et content, par L. Delignon. — Très rare épreuve à l'état d'eau-forte, de la planche qui n'a pas été terminée, grandes marges.

287 — Le Cocu battu et content. — Très rare épreuve à l'état d'eau-forte, de la planche qui a été terminée.

288 — La Coupe enchantée. — Très rare épreuve à l'état d'eau-forte.

289 — Le Muletier. — Très rare épreuve à l'état d'eau-forte.

290 — Le Mari confesseur, pour les contes de La Fontaine. — Très belle épreuve avant la lettre, marge.

291 — Belphégor, — On ne s'avise jamais de tout, — A femme avare galant escroc, — Pâté d'anguille. Quatre gravures in-4 par divers graveurs, pour les Contes de La Fontaine. — Très belles épreuves, marges.

FRAGONARD et LAVREINCE (d'après)

292 — La Coquette fixée, — Les Sabots. Deux pièces faisant pendants, gravées par Couché. En couleur. — Très belles épreuves.

FRAGONARD et EISEN (d'après)

293 — Etude, — L'Amour, — Le Bal champêtre. Trois pièces gravées par Saint-Non, De Longueil, etc.

TREUDEBERG (d'après S.)

294 — Le Petit jour, par N. De Launay. — Très belle épreuve.

295 — La Même estampe. — Très belle épreuve.

296 — L'Événement au bal, gravé à l'eau-forte par Duclos, et terminée au burin par Ingouf. — Très belle épreuve, grandes marges.

FREUDEBERG (d'après S.)

297 — La Complaisance maternelle, par N. De Launay. —
Très belle épreuve, marge.

FRYE (J.)

298 — *Charlotte*, reine de la Grande-Bretagne. In-fol. En manière noire. — Très belle épreuve.

GATINE

299 — Costumes des départements de la Seine-Inférieure, du
Calvados, de la Manche et de l'Orne, — Costumes de
divers pays, — Costumes des ouvrières de Paris. Cent
trente-six pièces gravées d'après Lanté. En couleur, reliées
en 3 vol. in-4, non rognés.

GAUCHER (Ch. Ét.)

300 — *Le Bas.* A la mémoire de Jacques-Philippe Le Bas,
d'après Cochin, in-8. — Très belle et rare épreuve avant
la légende dans le bas, marge.

301 — *Carcado* (J. A. Poncet de la Rivière, comtesse de),
d'après Mlle Loir, in-8. — Très belle épreuve.

302 — *Caylus* (Ch. Gab. de Tubières de), — *Boufflers* (St. J.),
— *Hartig* (François, comte d'). Trois portraits in-8. —
Belles épreuves, avec marges.

303 — *De Laborde* (Jean-Benjamin), d'après du Rameau, in-18.
— Belle épreuve.

304 — Louis-Auguste, Dauphin de France, depuis Louis XVI,
d'après Gautier, in-4. — Très belle épreuve, marge.

305 — *Noyelles* (Marie-Aug.-Bern. de Rasoir, baronne de),
d'après de Pasche, in-8. — Très rare et belle épreuve
avant la lettre ; les ornements du bas non entièrement ter-
minés, marge.

306 — *Piis* (A. P. A. de), d'après François, —Charles *Villette*,
député à la Convention. Deux portraits in-8. — Belles
épreuves.

GAUCHER (Ch.-Ét.)

307 — En-tête du diplôme de membre de la Société philotech-
nique de Paris, d'après Le Barbier, in-8 rond. — Belle
épreuve, marge.

308 — Fleurons et têtes de pages, pour Télémaque, les
œuvres de Dussieux, etc. Huit pièces. — Très belles
épreuves avant la lettre, tirage hors texte.

GILLOT (Cl.) et FRAGONARD

309 — Arlequin soldat gourmand. En largeur, — Bacchanale.
Deux pièces gravées à l'eau-forte. — Belles épreuves.

GILLOT? (d'après)

310 — Collombine et Crispin. Jolie pièce gravée à la sanguine.
Rare.

GIRARDET

311 — Journée du Champ de Mai, année 1815. — Deux très
belles épreuves, dont une avant toutes lettres.

GODEFROY (A.)

312 — Encadrement pour le portrait d'un prince figurant au
sacre de Napoléon Ier, d'après Percier. — Épreuve avant
la lettre.

DE GOUY

313 — Les Jumeaux, — Le Triomphe de l'enfance. Deux
pièces faisant pendants, de formes ovales. En largeur. —
Belles épreuves.

GOYA (D.-F.)

314 — Mœnipus, — Æsopus. Deux pièces gravées à l'eau-
forte. — Très belles épreuves, toutes marges.

GRAHAM (G.)

315 — Portrait de Van *Tromp*, d'après Rembrandt. In-fol. En
manière noire. — Très belle épreuve.

GRATELOUP

316 — *Rousseau* (J. B.). — Très belle épreuve sur chine, marge.

GRAVELOT (d'après H.)

317 — La France soutenant un médaillon avec le portrait d'Henri IV, est appuyée sur un autre médaillon où est représenté le portrait de Malesherbes, gravé par G. Baron. In-4. — Très belle épreuve.

GREUZE (d'après J.-B.)

318 — Annette, — Lubin. Deux pièces faisant pendants, gravées par L. Binet. — Très belles épreuves, grandes marges.

319 — L'Accordée de village, par J. J. Flipart. — Très belle épreuve, signée au verso par les deux artistes.

320 — Le Bénédicité, gravé par Laurent. — Très belle épreuve avant la lettre, manque de conservation.

321 — L'Ecureuse, — La Marchande de Marrons. Deux pièces gravées par Beauvarlet. — Belles épreuves.

322 — L'Education d'un jeune Savoyard, par J. Aliamet. — Superbe épreuve, grandes marges.

323 — Étude de tête pour la Laitière, gravé à l'eau-forte. — Très belle épreuve.

324 — Le Gateau des rois, gravé par Flipart. — Très rare épreuve à l'état d'eau-forte, un peu rognée dans le haut.

325 — Jeune fille pleurant son oiseau mort, gravé par J. J. Flipart. — Très belle épreuve, marge.

326 — La Mère bien-aimée, par Massard. — Très belle épreuve signée au verso : *Greuze et Massard*.

327 — Paul, — Virginie. Deux pièces faisant pendants, gravées par Guttenberg. — Très belles épreuves, toutes marges.

328 — Le Paralytique servi par ses enfants, par J. J. Flipart. — Rare épreuve à l'état d'eau-forte, un peu déchirée dans le haut de la gravure.

GREUZE (d'après J.-B.)

329 — Le Petit boudeur, gravé par Guttenberg. — Superbe épreuve, marge.

330 — La Petite fille au chien, par Porporati. — Très belle épreuve, avec l'adresse de la rue Thibautodé.

331 — La Petite fille au capucin, gravé par Ingouf. — Belle épreuve avec marge.

332 — La Philosophie endormie, par Aliamet. — Très belle épreuve.

333 — La Vertu chancelante, par J. Massard. — Très belle épreuve, marge.

GREUZE et COCHIN (d'après)

334 — *Greuze* (J.-B.), — Monet. Deux portraits in-8 et in-4 gravés par Saint-Aubin et Flipart. — Belles épreuves.

GUELARD

335 — Le Bureau Typographique, La Bibliothèque des enfants à l'usage de Monseigneur le Dauphin. — Belle épreuve. Rare.

GUTTENBERG (C.)

336 — *Nicolaï* (L.-H. de), d'après Violier. In. 4. — Très belle épreuve, marge.

HILAIRE (d'après)

337 — L'Esclave heureux, par Mathieu. — Superbe épreuve avant toutes lettres et avant la draperie.

HODGES

338 — Le Général *Pichegru.* In-fol. En manière noire. — Très belle épreuve.

HOUEL (d'après)

339 — *Ivry* (Pierre Contant, d'), architecte du Roy, gravé par Vangelisty. In-fol. — Belle épreuve.

HUBERT

340 — Louis XVI, roi de France, — Charles Philippe, comte d'*Artois*, colonel général des Suisses et Grisons, d'après Vanloo. Deux portraits in-4. — Très belles épreuves avant les numéros, grandes marges.

HUET (d'après J.-B.)

341 — Ce qui est bon à prendre est bon à garder, par André Chaponnier. — Superbe épreuve avant la lettre, toutes marges.

342 — L'Amant écouté, gravé en couleur par Bonnet. — Très belle épreuve avant la lettre.

343 — Le Départ de Campagne, gravé en couleur par Jubier. — Belle épreuve.

344 — L'Espoir heureux, — Diane. Deux pièces gravées en couleur par Bonnet et Demarteau. — Belles épreuves.

345 — Jupiter et Calisto, — Diane et Endymion. Deux pièces faisant pendant, gravées en couleur par l'Eveillé. — Superbes épreuves, grandes marges.

HUET ET Mlle LE SUEUR (d'après)

346 — Bacchante, — Vénus et l'Amour. Deux pièces faisant pendant, gravées par Guttenberg et Voisard. — Superbes épreuves avant la lettre. Rares.

INGOUF l'aîné.

347 — Frontispice gravé en 1776 pour un livre. In-fol, sur l'art militaire. — Très belle épreuve.

JONES (J.)

348 — *Pitt* (William), chancelier de l'Echiquier, d'après Romney. In-fol. en manière noire. — Belle épreuve.

JANINET (F.)

349 — La Colombe chérie, d'après Borel. En couleur. — Superbe épreuve avant toutes lettres, grandes marges.

JANINET (F.)

350 — Les Comédiens comiques, — Le Rendez-vous comique. Deux pièces faisant pendant, gravées en couleur d'après Watteau. — Très belles épreuves. Rares.

351 — Portrait de Mademoiselle *Duthé*. In-fol. En couleur. — Superbe épreuve, sans marge.

352 — Une fontaine soutenue par des Cariatides, d'après Saint-Quentin. Pièce rare, imprimée en bleu, rehaussée de crayon blanc. — Superbe épreuve.

353 — Nina, d'après Hoin. In-fol. En couleur. — Belle épreuve.

354 — La Noce de village, — Repas des moissonneurs. Deux pièces faisant pendant, gravées en couleur d'après Wille fils. — Très belles épreuves, marge.

355 — Les mêmes estampes. — Très belles épreuves.

356 — Projet de monument à ériger pour le Roi, d'après Varennes, et J.-M. Moreau. — Superbe épreuve avant la lettre, de la plus grande fraîcheur, marge.

357 — Quatre petits sujets de forme ronde, imprimés sur une planche. Costumes et intérieurs Louis XVI, probablement d'après Lavreince. — Superbe épreuve avant toutes lettres. Très rare.

358 — Repas des moissonneurs, d'après P.-A. Wille. En couleur. — Très belle épreuve.

359 — Le Repas des moissonneurs, d'après Gravelot. — Très belle épreuve, marge.

360 — La même estampe. — Belle épreuve; le titre coupé.

361 — Le Rendez-vous, d'après Benazech. In-8 en couleur. — Rare.

362 — La Valeur récompensée, allégorie, imprimée en bistre. — Belle épreuve, grande marge.

363 — Vues des plus beaux monuments de Paris, gravées en couleur, d'après Durand. Suite de quarante-deux pièces in-fol. en 1 vol. oblong. broché. — Très belles épreuves, grandes marges.

JANINET (F.)

364 — Douze pièces doubles de la suite précédente. — Superbes épreuves en couleur.

365 — Vues de Hollande, gravées par Le Campion, d'après Baur. Sept pièces en couleur, faisant suite aux petites vues de Paris, gravées par le même artiste. — Très belles épreuves, grandes marges.

366 — Vues d'Angleterre, gravées en couleur par Guyot. — Très belles épreuves, avec marges.

JAZET

367 — L'heureuse famille, — L'Utile et l'agréable. Deux pièces gravées en couleur, faisant pendant. — Belles épreuves.

JEAN (A Paris, chez)

368 — Trompette de la gendarmerie d'élite, (d'après) Poissan. In-fol. en couleur.

JEAURAT (d'après A.)

369 — La Vieillesse, gravé par Lépicié. — Très belle épreuve, grande marge.

KEATING (C.)

370 — La Reine Marie-Antoinette dans sa prison à la Conciergerie, pendant l'intervalle de sa condamnation à son exécution, d'après le tableau peint par la Marquise de Brean. In-fol. en couleur. — Très belle épreuve. Rare.

LABROUSSE

371 — Costumes des représentants du peuple français, — Membres des deux conseils, du Directoire exécutif etc. Seize pièces en couleur, avec texte. — Belles épreuves. Rares.

LANCRET (d'après N.)

372 — Le Faucon, par De Larmessin. — Très belle épreuve avant l'adresse de Buldet.

373 — Le Matin, — La Soirée. Deux pièces gravées par N. de Larmessin. — Belles épreuves.

LANCRET (d'après N.)

374 — Le Moulin de Quinquengrogne, gravé par Elisab. Cousinet. — Très belle épreuve. Rare.

375 — Nicaise, gravé par Schmidt. — Rare épreuve avec l'adresse de Buldet et avant que le nom de de Larmessin ait remplacé celui de Schmidt comme graveur.

376 — Les Oies de frère Philippe, par De Larmessin. — Belle épreuve avant l'adresse de Buldet.

377 — Les Quatre Ages de la vie. Suite de quatre pièces en largeur gravées par de Larmessin. — Superbes épreuves, grandes marges. La Viellesse, seule pièce de la suite où il y ait des différences, est du premier état.

378 — La Servante Justifiée, — Nicaise, — Frère Luce, — La Servante justifiée, — Le Villageois qui cherche son veau, — La Courtisane amoureuse, — Les Oyes de frère Philippe, — Les Troqueurs, — Le Baiser donné, — Les deux amis, — A femme avare galant escroc, — Le Baiser rendu, — La Jument du compère Pierre, — Le Savetier, — Le Cuvier. Quinze pièces réductions in-8. Des estampes pour les *Contes* de Lafontaine, d'après Lancret. — Très belles épreuves avec marges.

379 — *Trop indolent Tircis, laisse la simphonie*, par S. Silvestre. — Belle épreuve.

LARDY (F.-G.)

380 — Les Petits Poulets, — La Bonne mère. Deux pièces en couleur faisant pendant. — Belles épreuves

LASNE (M.)

381 — *Duperron* (le cardinal). In-fol. — Très belle épreuve avant la lettre, marge.

382 — *Paget* (Jacques), doyen des maîtres des requêtes en 1645. In-fol. — *Strozzi*, d'après Vouet. In-4. Deux pièces. — Belles épreuves.

LASNE, MELLAN, GANTREL et ROUSSELET

383 — *Durand* (Samuel), — L. Emm. de Valois, — Duc d'*An-goulême*, — Le Père *Bernardin*, capucin, — *Altoni*. Quatre portraits in-8, et in-4. — Belles épreuves.

LAVREINCE (d'après Nicolas)

384 — L'Accident imprévu, — La Sentinelle en défaut. Deux pièces faisant pendant, gravées par Darcis. En couleur. — Superbes épreuves, toutes marges.

385 — L'Assemblée au concert, — L'Assemblée au salon. Deux pièces faisant pendant, gravées par F. Dequevauviller. — Très belles épreuves.

386 — La Balançoire mystérieuse, gravé par Vidal. — Superbe et très rare épreuve avant la lettre et avant le flot, marge.

387 — Le Billet doux. — Qu'en dit l'abbé? Deux pièces faisant pendant, gravées par N. De Launay. — Très belles épreuves.

388 — Le Billet doux, par N. Delauney. — Très belle épreuve.

389 — Le Concert agréable, gravé par Varin. — Belle épreuve.

390 — Le Contretemps, par Dequevauviller. — Très belle épreuve, avec l'adresse du graveur.

391 — L'Indiscrétion, gravé en couleur par Janinet. — Superbe épreuve, avec marge.

392 — La même estampe.

393 — M⁽ˢ⁾ Merteuil and Miss Cecille Volange, gravé par Romain Girard. In-fol. En couleur. — Très belle épreuve.

394 — La Présidente Tourvel, gravé par Romain Girard, d'après Touzé. En couleur. — Très belle épreuve.

395 — La soubrette confidente, par G. Vidal. — Très belle épreuve.

396 — L'Entretien de l'absence, composition de deux figures tirées de la soubrette confidente de Lavreince. In-4. Chez Vidal. — Très belle épreuve. Rare.

LAVREINCE (d'après Nicolas)

397 — Les offres séduisantes, gravé par J.-L. Delignon. — Très belle épreuve, marge.

398 — Le Restaurant, par Deni. — Très belle épreuve.

LE BARBIER

399 — Vignette in-4 avec bordure, gravée par Pauquet pour les œuvres de Gessner. — Rare épreuve à l'état d'eau-forte.

LE BAS (J.-Ph.)

400 — Prise du Héron, — Départ de chasse. Deux pièces d'après Van Falens. — Belles épreuves.

LE BEAU

401 — *Artois* (Charles-Philippe, comte d'), d'après Vanloo, — *Artois* (Marie-Thérèse, comtesse d'), d'après J. Ferdink. Deux portraits in-8 faisant pendant. — Très belles épreuves avant les numéros.

402 — *Condé* (Louis Joseph de Bourbon, prince de). In-4. — Belle épreuve avant le numéro, marges.

402 *bis* — *Dubarry* (Mme la comtesse), d'après Drouais et Marillier, pour les ornements. In-4. — Superbe épreuve avant le numéro, marges.

403 — Mlle *Dutey*, d'après l'Aîné. In-4. — Très belle épreuve avant le numéro, grandes marges.

404 — *Estrées* (Gabrielle d'), duchesse de Beaufort. In-4. — Belle épreuve avant le numéro, grandes marges.

405 — *Louis XVI*, roi de France et de Navarre, Charles-Philippe de France, comte d'*Artois*, d'après Marillier. Deux portraits in-4. — Très belles épreuves avant les numéros, grandes marges.

406 — *Voltaire* (Marie-François Arouet de), in-4. — Belle épreuve, grandes marges.

LE BEAU et DELATRE

407 — *Joseph*, sourd et muet, — Mlle *Colombe* l'aînée, de la Comédie-Italienne. Deux portraits in-4. — Belles épreuves, marges.

LE BRUN (d'après Mme)

408 — Madame *Grassini* dans le rôle de Zaïre. In-fol. En manière noire. — Très belle épreuve, avec marges.

LE CLERC (Séb.)

409 — Divers dessins de figures par Seb : Le Clerc, chevalier Romain. Se vend à Augsbourg, chez Jean Michelle Probst. Trente pièces en 1 vol in-8, Oblong, cartonné.

LE CLERC

410 — Seraphinia Felichiani; comtesse de *Cagliostro*, — M. le comte de La *Motte*. Deux portraits in-4, en couleur, pour le procès du Collier. — Très belles épreuves, marges.

410 *bis* — Cagliostro (la comtesse de), en buste dans un médaillon posé sur un cartouche où est représenté son mariage, in-4. En couleur. — Très belle épreuve, marges.

LE DRU (d'après Hilaire), BARTOLOZZI, etc.

411 — Les Généraux, *Hoche*, — *Jourdan*, — *Monnier*, — Le comte de Lusi. Quatre portraits in-fol. en pied, par divers graveurs. — Belles épreuves.

LEGRAND (Aug.)

412 — Le Rossignol, — La Jument du compère Pierre, — Le Villageois qui cherche son veau, — La Servante justifiée. Quatre pièces in-fol. en largeur, pour les *Contes* de La Fontaine, gravées en 1802. — Belles épreuves, collées sur carton. Rares.

LE GRAND (L.)

413 — *Dubarry* (Mme la comtesse), en buste, dans un médaillon avec guirlandes de fleurs. In-8. — Très belle épreuve. Rare.

LE GRAND (L.)

414 — *Mesmer* (A.) de la Faculté de Vienne, d'après Pujos, in-8. — Très belle épreuve, grandes marges.

415 — *Mongolfier* (E.), d'après Pujos. In-4. — Deux épreuves, dont une avant toutes lettres.

LE MIRE

416 — *Bernis* (le Cardinal de), en buste, d'après Gallet. In-8. — Belle épreuve avant la lettre, grandes marges.

417 — *Grimaldi* (Louis André de). In-4. — Très belle épreuve, marges.

418 — *Jeanne d'Arc.* Deux portraits différents, d'après le même tableau. In-8. — Belles épreuves, avec marges.

419 — *Louis XV et Henri IV*, représentés en buste sur une même planche. In-8 en largeur. Très belle épreuve, grandes marges.

420 — Louis XVI, roi de France et de Navarre. In-8. — Très belle épreuve, grandes marges.

LEMPEREUR (L.)

421 — L'Attente du plaisir, d'après A. Carrache, — Très belle épreuve, avant la dédicace.

LEPEINTRE (d'après C.)

422 — La Cage symbolique, par Fessard. — Superbe épreuve avant toute lettre et avec le fleuron tenant lieu d'armes. Très grandes marges.

423 — La même estampe. — Très belle épreuve, toutes marges.

LÉPICIÉ

424 — Charles Richer de Roddes de la *Morlierre*, d'après La Tour. In-fol. — Belle épreuve.

LE PRINCE (d'après)

425 — Les Modèles, par J. De Longueil. — Très belle épreuve.

TH. DE LEU et L. GAUTIER

426 — *Argentré* (B. d'), — *Amelot*, (Messire Jacques). Deux portraits in-8. — Belles épreuves.

LEVACHEZ

427 — La Danse des Chiens, d'après Vernet. En couleur. — Superbe épreuve, avec marges.

428 — Le Dentiste ambulant, d'après Wille fils. En couleur. — Très belle épreuve. Rare.

LINGÉE

429 — Madame la Marquise de Vilette, d'après Pujos. In-4. — Belle épreuve.

LIPSE (H.)

430 — *Louvet* (J. B.), — *Sieyès* (E), — *Languinais*, — *Le Brun*, — *Boissy-d'Anglas*, — *Condorcet*, — *Vergniau*, — Sept portraits, in-8. — Belles épreuves.

LITHOGRAPHIES

431 — *Adam* (V). Sujets militaires. Six pièces.

432 — *Bonington* (R. P.). Vues de Bergues, Caen, Abbeville, Beauvais, Lillebonne et Rouen. Dix pièces. — Belles épreuves, imprimées sur papier teinté.

433 — *Charlet*. Sujets tirés d'Albums. Douze pièces.

434 — *Decamps*. Pasquinade, — Arrêt de la cour Prévôtale, La France pleure les victimes..., — Classe de Français, — Liberté (française désirée), etc. Sept lithographies publiées dans *la Caricature*. — Très belles épreuves, sur chine.

435 — *Delacroix* (Eugène). Suite de onze lithographies et un portrait de Goëthe, pour *le Faust*. — Très belles épreuves.

436 — *Delacroix* (Eugène). Œuvre unique, à l'eau-forte, d'Eugène Delacroix, publié par Cadart et Luquet. Six pièces renfermées dans la chemise de publication. — Très belles épreuves.

LITHOGRAPHIES

437 — *Divers.* Lithographies et eaux-fortes par Delacroix, Raffet, Billoin, etc. Dix-neuf pièces.

438 — *Gavarni.* H. *Monnier.* — Épreuve tirée du journal *l'Artiste.*

439 — Mme *Goulet.* (Cat. de l'œuvre, n° 37 r. r. r.). — Très belle épreuve, sur chine.

440 — Nouveaux travestissements pour le Théâtre et pour le Bal. Douze pièces coloriées.

441 — Portraits et sujets. Vingt-deux pièces, dont beaucoup sont très rares.

442 — *Géricault.* An Arabian Horse, — The Coal Waggon. Deux pièces publiées à Londres. — Très belles épreuves. Rares.

443 — Pity the Sorows of a Poor old man whose trembling limbs have born him to your door. Très belle lithographie de la suite publiée en Angleterre. — Très belle épreuve. Rare.

444 — The Piper. — Superbe épreuve, grandes marges.

445 — *Huet* (P.). Paysages. Deux pièces gravées à l'eau-forte. Épreuves sur chine.

446 — *Jacques* (Ch.). Paysages, avec figures et animaux. Sept pièces gravées à l'eau-forte. — Très belles épreuves.

447 — *Lami* (Eugène). Recueil de Voitures françaises, dessinées et lithographiées par Eugène Lami. Suite de douze pièces, dans la couverture de publication. — Toutes marges.

448 — *Le duc d'Orléans* (F. Ph. L. Ch. H.). Feuille de Croquis, janvier 1830. — Foolish, — Chien courant, — Cerf au repos, etc. Six pièces. — Rares

449 — *Robert* (L.). Son œuvre en lithographies et eaux-fortes, par et d'après lui, plus le portrait de l'Artiste lithographié par son frère. Dix-sept pièces, avant et avec la lettre.

450 — *Strixner.* Un vol. grand in-fol., renfermant soixante-dix-huit pièces d'après les peintures de la Galerie de Dresde.

LITTRET

451 — *Pompadour* (la marquise de), d'après Scheneau. In-4.
— Belle épreuve.

LOCHON (R.)

452 — *Bourbon* (Charles de), évêque de Soissons en 1657.
In-fol. — Très belle épreuve.

LOUTHERBOURG

453 — Vingt-deux pièces, costumes et sujets divers, gravées à
l'eau-forte. --- Très belles épreuves.

LUBIN

454 — N. Poussin, — F. de Malherbe, — A. Rossignol, —
J. Morin, — Ant. Godeau, — Le président Jeannin, —
J. F. Senault, — Turenne. Huit portraits in-fol. — Belles
épreuves.

MALGO (Simon)

455 — *Marie-Antoinette*, reine de France, née archiduchesse
d'Autriche, d'après Hickel. Grand in-fol. En manière noire.
— Superbe épreuve, avec marge. Rare.

456 — *Lamballe* (Marie-Thérèse-Louise de Savoye Carignan,
princesse de), d'après Hickel. In-fol. En manière noire.
Fait pendant au numéro précédent. — Superbe épreuve,
avec marge. Rare.

MALLET (d'après)

457 — Je m'occupais en attendant, gravé par Romain Girard.
— Très belle épreuve.

MARILLIER (d'après)

458 — Le Devoir maternel, par Voyez, l'aîné.—Deux épreuves,
dont une à l'eau-forte.

459 — Offrande à Vénus ou la Victime agréable, gravé par
de Ghendt. — Très belle épreuve, grandes marges.

MARADAN

460 — George-Anne *Bellamy*, actrice du théâtre de Covent Garden. In-8. — Belle épreuve, avec marges.

MAROT (Daniel)

461 — Foire de La Haye, avec les Bourgeois sous les armes, saluant leurs Altesses Royales Monseigneur le prince et Mme la princesse d'Orange. Grande estampe gravée sur deux planches. — Très belle épreuve.

MARTIN (J.-B.)

462 — Paysanne galante, joli costume. In-4. — Belle épreuve.

MARTINET (A Paris, chez)

463 — Quel est le plus ridicule? Rapprochement et Contraste des costumes depuis 1789. En couleur. — Très belle épreuve, grandes marges.

MARTINI

464 — Coup d'œil exact de l'arrangement des peintures au Salon du Louvre, en 1785, — Exposition au Salon du Louvre, en 1787. Deux pièces faisant pendant. — Très belles épreuves.

465 — Les deux mêmes estampes. — Belles épreuves.

MASQUELIER (L.-J.)

466 — Portrait de Mme de La Borde, en buste, posé sur un chevalet, en face de son mari assis, d'après Le Bouteux. — Très belle épreuve.

467 — *Rameau*, en buste, dans un médaillon avec entourage d'ornements, composé des attributs de la musique. In-4. — Superbe épreuve avant la lettre, grandes marges.

MASSARD

468 — Première et deuxième frise de l'arc de triomphe élevé au Champ-de-Mars, pour la Fédération. Deux pièces.

469 — *Gravelot* (Hubert), d'après La Tour. In-4. — Très belle épreuve, marges

MASSON (ANT.)

470 — Marin Cureau de La Chambre, d'après Mignard. In-fol. — Belle épreuve du premier état.

MIGER

471 — Geoffrin (Mme). In-4. — Epreuve avant la lettre, re-margés.

MONDHARE (A Paris, chez)

472 — Mlle Colombe, l'ainée, reçue à la comédie-Italienne en 1773. In-4. En couleur. — Très belle épreuve, toutes marges.

MONNET (d'après C.)

473 — Jupiter et Anthiope, par Vidal. — Très belle épreuve avant la lettre et avant la draperie.

474 — Le roi d'Ethiope abusant de son pouvoir, par Vidal. — Très belle épreuve avant toute lettre et avant la drape-rie.

475 — Ouverture des états-généraux à Versailles, le 5 Mai 1789, — Assemblée Nationale, abandon de tous les pri-viléges, séance de la nuit du 4 au 5 Aout 1789. Deux piè-ces faisant pendant, gravées par Helman. — Très belles épreuves du premier état, avec le premier titre et avec les armes du roi, grandes marges.

476 — Journées de la révolution française. Huit pièces, parmi lesquelles se trouvent les exécutions de Louis XVI et de Marie-Antoinette, gravées par Helman. — Très belles et anciennes épreuves.

477 — Costumes d'acteurs, gravés par Auvray. Deux pièces avant la lettre, dont une avant la bordure. — Rares.

MONNIER (H.)

478 — Voyage à Londres, vues de Paris, etc. Dix-huit pièces en noir et en couleur. Rares.

MONSALDY

479 — *Dugazon*, (Mme), d'après Isabey. In-4o. — Belle épreuve avant toute lettre, marges. 22.

MONSALDY et DEVISME

480 — Vue des ouvrages de Peinture des Artistes vivants, exposés au Muséum central des arts, en l'An VIII de la République française. — Très belle épreuve.

MONSIAU et COCHIN

481 — Suite de gravures grand in-4, par divers graveurs, pour les œuvres de J. J. Rousseau, 1793-1800. Treize pièces. — Superbes épreuves, grandes marges.

MORANGE

482 — Lolotte et Werther, — Pressentiment de Lolotte. Deux pièces faisant pendant, d'après Saint-Amand. — Très belles épreuves, grandes marges.

MOREAU (J.-M)

483 — Ouverture des états-généraux, à Versailles, le 5 Mai 1789. — Constitution de l'Assemblée Nationale et serment des députés qui la composent à Versailles le 17 Juin 1789. — Très belles épreuves du premier tirage, avec les noms des membres de chaque assemblée au bas du sujet, toutes marges.

484 — David et Bethsabée, d'après Rembrandt. — Très belle épreuve.

485 — Culs-de-lampe, gravés par J. M. Moreau, pour l'*Histoire de France* du Président Hénault. Seize pièces avant la lettre, tirage hors texte. — Très belles épreuves. Rares.

486 — Titre des historiettes ou nouvelles en vers, par Imbert. in-8. — Très belle épreuve.

487 — Vignettes, in-8, pour le premier volume des chansons de Laborde. Dix-neuf pièces. — Superbes épreuves.

MOREAU (J.-M.)

488 — Les amours de Glicère et d'Alexis. Vignette iu-8, pour les chansons de Laborde (2° planche). — Superbe épreuve avant la lettre, grandes marges.

489 — Vignette-frontispice pour Guillaume de Nassau, ou la fondation des provinées unies.

MOREAU (d'après J.-M.)

490 — Au roi, — A la reine. Deux pièces faisant pendant, gravées par N. Le Mire. Compositions allégoriques, au milieu desquelles sont représentées le roi Louis XVI et Marie-Antoinette. — Très belles épreuves; une a de la marge.

491 — La composition allégorique précédente, dédiée au roi, convertie en allégorie sur Bonaparte, avec son portrait au milieu. — Belle épreuve, mais manquant de conservation.

492 — *Marie-Antoinette*, reine de France, en buste, dans un médaillon posé sur des nuages, gravé par E. Gaucher, pour les Annales de Marie-Thérèse. In-8. — Très belle et rare épreuve, avant la lettre, tirage hors texte, marge.

493 — Alaïh ou marche du sacré Eminy avec les chameaux sacrés et le trésor destiné pour la Mecque. — Superbe épreuve du premier état, avant toute lettre.

494 — La même estampe. — Très belle épreuve du 2° état, avant la lettre, mais avec les noms des artistes.

495 — Les Amours d'un héros chéri, gravé par Fosseyeux. Grand in-fol. — Superbe épreuve, avant toutes lettres, sur chine. Grandes marges.

496 — Couronnement de Voltaire sur le Théâtre-Français, le 30 mars 1778, après la sixième représentation d'*Irène*, gravé par Gaucher. — Très belle épreuve, avec les armes et la dédicace à Mme la marquise de Villette.

497 — Dernières paroles de Jean-Jacques Rousseau, gravé par Guttenberg. — Très belle épreuve avant la lettre, sur chine non collé.

MOREAU (d'après J.-M.)

498 — La Dame du palais de la Reine, par P. A. Martini. — Très belle épreuve, avec les lettres A. P. D. R.

499 — Les petits Parains, par Baquoy et Patas. — Très belle épreuve, grandes marges.

500 — La même composition. Réduction in-8. — Superbe épreuve, avec toute sa marge.

501 — Les Précautions, gravé par P. A. Martini. — Très belle épreuve avec les lettres A. P. D. R.

502 — Les Délices de la Maternité, gravé par Helman. — Très belle épreuve avec les lettres A. P. D. R.

503 — C'est un Fils, Monsieur, gravé par C. Baquoy. — Belle épreuve avec les lettres A. P. D. R.

504 — La Sortie de l'Opéra, par Malbeste. — Très belle épreuve, grandes marges.

505 — N'ayez pas peur, ma bonne Ami, — Le Rendez-Vous pour Marly, — Le Boudoir, d'après Freudeberg. Trois pièces, réductions in-8, des mêmes compositions de la suite du costume physique et moral. La première est à l'eau forte, — Belles épreuves, remargées.

506 — La Comtesse d'Escarbagnas, par N. De Launay. — Très belle épreuve avant la lettre. Cette pièce et les neuf qui suivent font partie de la suite du Molière de Bret.

507 — Le Dépit amoureux, par A. J. Duclos. — Superbe épreuve avant la lettre, marges.

508 — Georges Dandin, gravé par Leveau. — Très rare épreuve à l'état d'eau-forte, marges.

509 — La même estampe. — Très rare épreuve terminée avant la lettre, marge.

510 — L'Impromptu de Versailles, gravé à l'eau-forte par Masquelier et terminé par Née. — Très rare épreuve à l'état d'eau-forte, doublée.

511 — Le Mariage forcé, par Née. — Très rare épreuve à l'état d'eau-forte.

MOREAU (d'après J.-M.)

512 — Melicerte, gravé par Leveau. — Très rare épreuve à l'état d'eau-forte, marge.

513 — Les précieuses ridicules, par Née. — Très rare épreuve à l'état d'eau-forte, doublée.

514 — Prologue d'Amphitrion, gravé par Simonet. — Très rare épreuve à l'état d'eau-forte.

515 — Tartuffe, par J. B. Simonet. — Superbe épreuve avant la lettre, grandes marges.

516 — Vignette in-8, gravée par Leveau, pour les Incas de Marmontel. — Superbe épreuve, avant la lettre, marge.

517 — La France à demi-couchée par terre, pleure sur le buste en médaillon du roi Louis XV, gravé par Lempereur. — Très rare épreuve, avant toute lettre, à l'état d'eau-forte, marges.

518 — Marianne, par J. B. Simonet, 1782, pour les œuvres de Voltaire. Grand in-4. — Superbe épreuve, avant la lettre, toutes marges.

519 — Suite complète de sept gravures in-8, dont un portrait pour les œuvres de Boileau, publiées par Renouard. — Très belles épreuves, avant la lettre.

520 — Tête de page, gravée par N. Le Mire, pour l'Histoire généalogique de la maison de Beaumont, en Dauphiné, par l'abbé Brizard. Paris, 1779. — Très belle épreuve avant la lettre.

521 — Suite complète de vingt-six vignettes in-8, dont un portrait gravé par St-Aubin, pour les Aventures de Télémaque, publiées par Renouard. — Très belles épreuves, toutes marges.

522 — Figures de l'histoire de France, dessinées par M. Moreau le jeune, et gravées sous sa direction, avec le discours de M. l'abbé Garnier. Ouvrage national dédié au Roi, suite complète de cent soixante-sept estampes. — Belles épreuves.

MOREAU (d'après J.-M.)

523 — Suite complète de cinquante et une gravures in-8, dont trois portraits, pour les œuvres de Gessner. — Très belles épreuves, grandes marges.

524 — Vignettes in-8, pour les œuvres de Gessner, vingt pièces. — Très belles et rares épreuves avant la lettre.

525 — Cinq vignettes in-18, pour les œuvres de Gresset. Edition Saugrain.

526 — Suite complète de neuf gravures in-18, dont un portrait pour Psyché et Adonis. — Très belles épreuves, toutes marges.

527 — Vignettes in-8, pour les Incas de Marmontel. Cinq pièces. — Épreuves avant la lettre.

528 — Suite de trois gravures in-8, pour un ouvrage inconnu du marquis Louis de Prie, gravées par N. Le Mire. — Très belles épreuves ; deux sont avant la lettre.

529 — Vignettes in-8, par divers graveurs pour les œuvres de Racine. Sept pièces. — Épreuves avant la lettre.

530 — Quatre vignettes in-4, et un portrait, d'après Cochin, pour les œuvres de Thomas Raynal. — Belles épreuves.

531 — Vignette in-8, gravée par Patas, pour les œuvres de Regnard (Les Folies amoureuses). — Très belle épreuve du premier état, avant la lettre.

532 — Suite complète de dix vignettes in-18, pour l'Émile de J. J. Rousseau. — Belles épreuves, marge, imprimées à deux sur une même feuille.

533 — Vignette-frontispice pour la Nouvelle Héloïse, gravée par A. J. Duclos, pour l'édition in-4, des œuvres de Rousseau. — Rare épreuve avant la lettre et la pagination.

534 — Dix vignettes in-8, par divers graveurs, pour les œuvres de J. J. Rousseau. — Très belles épreuves, dont huit avant la lettre.

MOREAU (d'après J.-M.)

535 — Vignettes in-18 pour les œuvres de J. J. Rousseau. Huit pièces.

536 — Six vignettes in-8, pour le Nouveau Testament. — Très rares épreuves à l'état d'eau-forte. Toutes marges.

537 — Vignette in-4, gravée par Guttenberg pour la Henriade. — Superbe épreuve avant la lettre, grandes marges.

538 — Suite de dix vignettes in-8 pour la Henriade. — Belles épreuves, avec marges.

539 — Vignette-frontispice avec portrait du Prince de Prusse, pour les œuvres de Voltaire, gravé par Dambrun. — Épreuve avant la lettre, remontée.

540 — Vignettes-frontispices pour Mes quatre Ages, poème par Saint-Cyr Poncet Delpech, — Les quatre Ages de la femme, poème par Teulières, — Pour Paul et Virginie. Trois pièces in-12. — Superbes épreuves avant la lettre, grandes marges.

541 — Instruction de l'Ordre de la Toison d'Or. — Arabesques propres à la décoration des appartements. Deux pièces gravées par Guyot et Duclos.

MOREAU et LAVALLÉ-POUSSIN (d'après)

542 — Arabesques et Décorations propres aux artistes de ce genre, dessinées par M. J. M. Moreau et à Rome par M. Lavallée-Poussin, gravées par Guyot. Suite complète de quarante-huit pièces en couleur, en 1 vol. in-fol. oblong, cartonné. — Superbes épreuves, marges, de la première édition de 1787.

MOREAU et EISEN (d'après)

543 — Vignettes in-8, pour la Pucelle de Voltaire, les Fables de Lafontaine, etc. Trois pièces avant la lettre, dont deux à l'état d'eau-forte.

4

MOREAU et **LEBARBIER** (d'après)

544 — Suite de trente-quatre gravures in-4, pour la collection complètes des œuvres de J. J. Rousseau. Londres, (1774-1783). En plus le portrait de l'auteur gravé par Saint-Aubin, d'après De La Tour. — Superbes épreuves, dont dix-neuf sont avant les numéros, épreuves dites ainsi avant la lettre, marges.

545 — Trois pièces doubles de la suite précédente. — Superbes épreuves avant les numéros, grandes marges.

MOREAU et **MARILLIER**

546 — Suite complète de douze gravures in-8, dont un portrait pour les œuvres de Regnard. — Belles épreuves marges.

MOREAU, MONNET, EISEN et **GRAVELOT**

547 — Vignettes in-4, pour les Métamorphoses d'Ovide. Traduction de l'abbé Banier. Trente pièces, dont la Dédicace du livre. — Très belles épreuves, avec marges.

MORRET (J.-B.)

548 — L'Oiseau de Lubin, en couleur. — Très belle épreuve.

549 — Bonaparte, Ier consul, représenté en buste, la tête couverte d'un grand chapeau, d'après Appiani. In-fol. en couleur. — Très belle épreuve. Rare.

MOUCHET (d'après)

550 — Le Serin envolé, gravé par Le Cœur. En couleur. — Très belle épreuve.

MUSICIENS CÉLÈBRES (Portraits de)

551 — D'*Anglebert*, — *Berton*, — Bocherini, — Cassanéa de *Mondonville*, — *Cherubini*, — *Frescobaldi*, — F. *Gasse*, — *Grétry*, — *Guichard*, — *Handel*, — *Haydn*, — de *Lalande*, — *Lantara*, — J. *Lefebvre*, — J. M. *Le Clair*, — *Mozart*, J. B. *Rebel*, — C. *Schut*, — N. *Séjan*, — *Staden*, — *Traversier*, — *Viotti*. Vingt-cinq portraits in-4, in-8 et In-fol. — Très belles épreuves. Rares.

MUSICIENS CÉLÈBRES (Portraits de)

552 — *Grétry*, — *Gluck*, — *Mehul*, — *Piccini*, — *Boieldieu*, — *Berlioz*, — *Mozard*, — *Bach*, — et *Beethoven*. Douze portraits in-8 et in-4, gravures et lithographies.

NANLEUIL (R.)

553 — *Dupuy* (Les frères Pierre et Jacques), historiens (R. D., 89), — Très belle épreuve du premier état.

NATTIER (d'après)

554 — La Force. (Portrait de Madame de *Châteauroux*), gravé par Balechou. — Superbe et rare épreuve du premier état, avant l'adresse de Surugue.

555 — Madame *Adélaïde de France*, fille de Louis XV, sous la figure de l'*Air*, gravé par Beauvarlet. — Superbe et très rare épreuve avant toutes lettres, marges.

556 — Flore à son lever. (Louise-Henriette de Bourbon-Conty, duchesse de Chartres), gravé par Malœuvre. In-fol. — Très belle épreuve avant la lettre.

557 — Madame de ***, en Flore, (Madame de Pompadour), gravé par Voyez. In-fol. — Très belle épreuve, marges.

558 — Madame la Duchesse de ***, en Hébé, gravé par Hubert. In-fol. — Belle épreuve.

559 — Madame Louise-Elisabeth de France, Duchesse de Parme (La Terre), — Madame Adélaïde de France (L'Air), — Madame Marie Louise-Thérèse-Victorine de France, (L'Eau), — Madame Marie-Henriette de France (Le Feu). Quatre pièces gravées par Balechou, J. Beauvarlet, R. Gaillard et J. Tardieu. — Très belles épreuves, dont deux avec grandes marges.

NAUDET (A Paris, chez)

560 — La Désolation des filles de joie, — Le Vice forcé dans ses retranchements. Deux pièces faisant pendant. — Superbes épreuves, avec belles marges.

ORNEMENTS

561 — *Babel.* Cartels, culs-de-lampe, etc. Vingt-neuf pièces, tirées du Vignole, 1767.

562 — *Della Bella.* Grotesques. Suite de douze pièces en hauteur. — Très belles épreuves.

563 — Ornament di fregi et foglianii. Suite de seize pièces en largeur. — Très belles épreuves.

564 — Nouvelles inventions de cartouches, dessignez et gravées à l'eau-forte. Suite de douze pièces.

565 — Cartouches. Six pièces en largeur. — Très belles épreuves, sans titre.

566 — Raccolti di vasi. Suite de six pièces en largeur. — Très belles épreuves.

567 — *Berain.* Dessins d'arquebuserie, etc., d'après Bresville. Onze pièces.

568 — *Choffard* (P. P.). Livre d'écussons et cartels. Cinq pièces. — Très belles épreuves, avec marges.

569 — *Divers.* Vases par Saly, Eisen, Vien, etc. Douze pièces. — Très belles épreuves.

570 — *Divers.* Chiffres, fleurs et amours, par Marillier, Ranson et Boucher. Dix-sept pièces.

571 — Fleurs, rocaille, cartouches, etc., par Baptiste, Moudon, Pariset, etc. Seize pièces.

572 — *Dugoure.* Arabesques inventées et gravées par J. D. Dugoure, représentant les Éléments, Vénus et Mars. Six pièces. — Très belles épreuves, grandes marges.

573 — *Duplessis.* Première suite de vases composés par Duplessis. Six pièces. — Belles épreuves, grandes marges.

574 — *Eisen.* Statue de Louis XV, cariatides, etc. Trois pièces gravées par de Lafosse. — Belles épreuves, grandes marges.

575 — *Forty et Lepaultre.* Livre de miroirs, — Tables et guéridons, — Dessins de cartels, etc. Huit pièces.

ORNEMENTS

576 — *Huquier*. Trophées et cartouches, représentant les arts, les sciences, les divinités, les sens, les saisons, etc. Cent quatre pièces imprimées à deux sur une même feuille. — Très belles épreuves, marges.

577 — *Heclenauer* (J. W.). Fleurons composés d'ornements et figures. Suite de douze pièces avec titre. — Très belles épreuves, marges.

578. — *Lalonde*. Dessins pour voitures, diligences, etc. Sept pièces publiées chez Charpentier, imprimées à la sanguine.

579 — *Le Brun*. Fontaines de Versailles. Six pièces. — Épreuves avec grandes marges.

580. — *Schynvœt*. Voobeelden der Lusthof-Cieraaden zynde Vaasen Pedestallen arangubarken, etc. Suite de trente pièces en 1 vol. in-fol., cartonné.

OUDRY (d'après J.-B.)

581 — Les Souhaits, fable 130, gravé par Aveline. — Rare épreuve avant toutes lettres, à l'état d'eau-forte.

OZANNE

582 — Marine militaire, ou Recueil des différents vaisseaux qui servent à la guerre, etc., par Ozanne l'aîné. 1 vol. gr. in-8, br.; le titre endommagé.

PANNIER

583 — Louis d'Orléans, duc de *Nemours*, d'après Winterhalter. In-fol. — Belle épreuve.

PARELLE (d'après M.-A.)

584 — La Belle jambe, gravé à la sanguine par J. Gilbert. — Très belle épreuve, marges.

PARROCEL (J.-J.)

585 — Leçon de musique, composition de trois figures, gra-vée à l'eau-forte. — Très belle épreuve. Rare.

PATER (d'après J.-B.)

586 — Le Désir de plaire, par L. Surugue. — Superbe épreuve, grandes marges.

587 — Le Colin-Maillard, — Le Concert amoureux, — La Danse. Trois pièces gravées par Fillœul. — Très belles épreuves, marges.

PARDOUX

588 — Bonaparte et Joséphine au château de la Malmaison. — Épreuve avant la lettre, marges.

PFEIFFER (C.)

589 — La Princesse Teresa *Kinsky*, d'après Grossy. In-fol. En bistre. — Très belle épreuve avant la lettre, marges.

PERELLE

590 — Recueil de paysage par Perelle, Labelle, huet, etc. Dix-sept pièces. — Belles épreuves, avec marges.

PICART (Bernard)

591 — Cartouches et fleurons, composés d'ornements et figures. Neuf pièces, dont une double. avant la lettre, à l'état d'eau-forte. — Très belles épreuves.

592 — Cérémonie d'un riche mariage juif. Gravure en largeur, gouachée.

PIERRE (J.-B.-M.), d'après

593 — Les Serments du Berger, gravés par L. Lempereur. — Très belle épreuve.

POILLY (J-B. de)

594 — Allégories, d'après Le Brun, tirées de la galerie de Versailles. — Rares épreuves, avant beaucoup de travaux.

POILLY, LEMPEREUR et THOMASSIN

595 — Le Père Le *Moine*, de la société de Jésus, — Mme du *Chastelet*, — Le Cardinal Le *Camus*, — G. Du *Pineau*, Jurisconsulte d'Angers. Quatre portraits in-fol. — Belles épreuves.

POLLET

596 — Alfred de *Musset*, d'après Landelle. In-fol. — Très belle épreuve, sur chine.

POMPADOUR (la marquise de)

597 — Médailles gravées d'après les dessins de Boucher. Six pièces. — Très belles épreuves, toutes marges.

PORPORATI

598 — Susanne au Bain, d'après Santerre. — Belle épreuve.

PRÉVOST

599 — Frontispice du catalogue de l'œuvre de Sébastien Le clerc. In 8. — Très belle épreuve, toutes marges.

PRIEUR

600 — Vues, plans et coupes de quelque hôtels de Paris, gravés au trait et lavés d'aquarelles par Prieur. Onze pièces in-fol. — Rares.

PRUD'HON (P.P.)

601 — Jeune garcon jouant avec un chien, — Une lecture, — Une famille malheureuse. Trois pièces. — Belles épreuves, sur chine.

602 — Constitution française, gravée par Copia. — Belle épreuve.

603 — Innocence et amour, gravé à l'eau-forte par Pillement et terminé au burin par Villerey. — Très rare épreuve à l'état d'eau-forte, les noms d'artistes tracés à la pointe.

604 — Empire français; en-tête de lettre, gravé par Roger. — Epreuve avant la lettre.

PRUD'HON (P.-P.)

605 — Le Triomphe de l'Empereur, — Aminta, — Abro-
come et Anzia. Trois pièces gravées par Roger. — Belles
épreuves.

606 — La Liberté par Copia. — Très belle épreuve avant la
lettre.

PRUD'HON (d'après P.-P.)

606 *bis*. — Apothéose de Racine, gravé par Veliyn. In-4. —
Belle épreuve avant la lettre.

607 — Abracome E Anzia, gravé par Roger. — Superbe
épreuve du premier état, avant toutes les lettres, seulement les noms d'artistes tracés à la pointe, toutes
marges.

608 — Phrosine et Mélidor, gravé par Roger. — Très rare
épreuve, à l'état d'eau-forte, grandes marges.

QUENEDEY

609 — *Duchesne* (Ant), doyen d'âge du bataillon des vété-
rans et de toute l'armée parisienne.

610 — Portrait d'homme et portrait de femme de l'époque de
la révolution. In-8. Deux pièces. — Très belles épreuves.

611 — Portrait d'homme, en buste. In-8. — Épreuve avec
grandes marges.

QUEVERDO (d'après)

612 — La Jouissance, — Le Repos. Deux pièces faisant pendant, gravées par Dambrun. — Très belles épreuves, dont
une avant la lettre. Manquent de conservation.

RAOUX (d'après)

613 — Le Rendez-vous agréable, par Beauvarlet. — Très belle
épreuve.

RÉVOLUTION (Pièces sur la)

614 — Almanach pour la présente année (1790). En haut, les portraits de Bailly et Lafayette, avec les armes de la Ville de Paris. Au milieu, la démolition de la Bastille, avec entourage de trophées formés de chaînes, drapeaux, faulx et piques, au bout desquelles se trouvent des têtes de guillotinés. Grand in-fol. — Très rare.

615 — Vue de la procession des états-généraux, à Versailles, le 4 mai 1789. In-fol. En largeur. A Paris, chez Basset. — Très belle épreuve. Rare.

616 — Départ de la milice Bourgeoise pour Versailles, le 5 octobre 1789, — Entrée du Roi à Paris, le 6 octobre 1789. Deux pièces en couleur, gravées par Welle, dessinées sur le lieu par un amateur distingué. — Très belles épreuves. Rares.

617 — Première attaque du premier pont-levis de la Bastille, — Vue de la Bastille, prise des fossés Saint-Antoine, — Arrivée des femmes à Versailles, le 5 octobre 1789. Trois pièces gravées, en couleur, par Guyot.—Superbes épreuves, avec marge. Rares.

618 — Prise de la Bastille, — Démolition de la Bastille. Deux pièces in-fol. En largeur. Publiées chez Basset et Bance. — Épreuves avec grandes marges.

619 — Prise de la Bastille. In-fol. En largeur. Imprimée en bistre. A Paris, chez Basset. — Très belle épreuve, grandes marges.

620 — Prise de la Bastille, le 14 juillet 1789. — A Paris, chez Marel. — Belle épreuve.

621 — Vue de la place de Grève, le jour de la prise de la Bastille. Pièce curieuse, imprimée sur papier gris, comme placard de l'époque. — Belle épreuve, marges.

622 — Vue du Champ-de-Mars le 12 juillet 1789. Camp des régiments de Diesbach, Châteauvieux, Salis, etc. Les citoyens de Paris allant voir ce camp. — Pièce curieuse et rare, gravée en couleur, publiée chez Basset.

RÉVOLUTION (Pièces sur la)

623 — La chute du despotisme. Grande pièce allégorique, où sont représentés Louis XVI et sa famille, publiée en Angleterre. En couleur.

624 — Convoi de très haut et très puissant seigneur des Abus, mort sous le règne de Louis XVI, le 4 mai 1789. Grande pièce in-fol., en largeur, imprimée en bistre. — Épreuve avec grandes marges.

625 — Fédération des Français, le XIV juillet 1790. Gravé par Giraud, sous la direction de Ponce, d'après Meunier. — Très belle épreuve, marges.

626 — La fuite à dessein ou le parjure Louis XVI. Arrestation à Varennes. Gravée et imprimée au bistre, par Guyot. — Très belle épreuve. Rare.

627 — Patience... ça ira : y ne faut qu'sentendre. Pièce sur les trois ordres, imprimée en bistre. — Épreuve avec grandes marges.

628 — Louis XVI et sa Famille au Temple, au moment de la séparation. Grande pièce in-fol., en hauteur, d'après Haund. — Très belle épreuve, avant la lettre, très rare.

629 — La Grande émigration du Roi des Marmottes. In-fol., en largeur, avec grandes marges. — Coloriée.

630 — La Contre-Révolution, — Défaite des contre-révolutionnaires. Deux pièces coloriées. In-fol., en largeur, avec grandes marges. — Rares.

631 — Le Perruquier Patriote. Pièce imprimée en bistre. — Très belle épreuve, marges.

632 — Cette fois-ci, la justice est du côté du plus fort. Pièce coloriée.

633 — Assassinat de Michel Le Pelletier, d'après Brion. En couleur. — Très belle épreuve.

634 — Représentant d'une grande nation, pièce satirique contre la France, publiée en Angleterre. Gravée par J. Cooke. — Belle épreuve. Rare.

RÉVOLUTION (Pièces sur la)

635 — Les Formes acerbes. Pièce rare. — Belle épreuve.

636 — Le Bon Sans-Culotte, — Mme Sans-Culotte. Deux pièces en couleur, faisant pendant. — Rares.

637 — Portrait de Judas Guignard Acamat, dit Saint-Priest, ou Farcy. Petit buste, sur fond rouge, surmonté d'un sabre, sur la lame duquel est cette inscription : Sabre de Damas, propre à couper des têtes. In-8. Chez Villeneuve. — Très belle épreuve.

REYNOLDS (d'après)

638 — *Bartolozzi* (F.), par R. Marcuard. In-fol. — Très belle épreuve.

639 — Jeune enfant, représenté sous la figure de Bacchus, couché sur les genoux de sa mère. — Très belle épreuve, avant la lettre.

640 — *Kauffman* (Angelica), par Bartolozzi. In-fol. — Très belle épreuve.

641 — *Kildare* Emily, (comtesse de), par Mac Ardell. In-fol. — Très belle épreuve.

642 — Mrs *Lascelles*, par Watson. In-fol. En manière noire. — Très belle épreuve avant la lettre.

643 — *Mercury*, — *Cupid*. Deux portraits d'enfants, gravés par Dean. — Très belles épreuves.

644 — *Northumberland* (Elisabeth, countess de). Gravé par Houston. — Très belle épreuve, marges.

645 — Allégories relatives à la Nativité de Notre-Seigneur, gravées par Facius. Trois pièces. — Belles épreuves avant la lettre.

ROMANET (A.)

646 — *Vence de Saint-Vincent* (Dame Julie de Villeneuve), petite fille de Mme de Sévigné. D'après Berthélemy. In-4. — Très belle épreuve.

SAINT-AUBIN (Aug. de)

647 — Comptez sur mes serments. — Superbe épreuve avant la lettre, grandes marges.

648 — Frontispice des Commentaires sur la Henriade, d'après Marillier. In-8. — Très belle épreuve.

649 — Vénus Anadyomène, d'après Titien. — Très belle épreuve, marges.

650 — *Diderot*, — Michel de *Montaigne*, — B. Pascal, — Jérôme de *Lalande*, — *Condorcet*. Cinq portraits, in-8 et in-4. — Belles épreuves.

651 — *Gluck*, célèbre compositeur de musique. In-8. — Très belle épreuve, grandes marges.

652 — Louis XII, Henri IV et Louis XVI. Représentés en buste, dans un médaillon. D'après Sauvage. In-4. — Belle épreuve marges.

SAINT-AUBIN (d'après Aug. de)

653 — The first come best Served, (Le Premier arrivé est le mieux servi), — The place to the first Occupier. (La place est au premier arrivant). Deux pièces faisant pendant, gravées par A. Sergent E. B. 404-405. — Superbes épreuves, Rares.

654 — La Sollicitude maternelle, — La Tendresse maternelle. Deux pièces faisant pendant, gravées en couleur par Sergent Phelipeaux et Moret. — Superbes épreuves avant toutes lettres, avec marges. Rares.

655 — La Jardinière, — L'Heureux ménage. Deux pièces gravées en couleur par Phelipeaux, Moret, Sergent et Gautier. — Superbes épreuves.

656 — La Savoneuse. Gravé en couleur par Julien et Moret. — Superbe épreuve, toutes marges.

657 — La Tendresse Maternelle. Gravé en couleur par Phelipaux et Moret. — Belle épreuve.

658 — L'Heureux ménage. Gravé par Sergent. En couleur. — Belle épreuve avant la lettre.

SAVART (P.-P.)

659 — *Colbert* (J.-B), d'après Champaigne, — *Richelieu* (A. Duplessis, cardinal de), d'après Champaigne. Deux portraits in-8. — Belles épreuves.

SCHENAU (d'après J.-F.)

660 — Le Petit Glouton, par J. Ouvrier. — Belle épreuve, grandes marges.

SCHENAU ? (d'après)

661 — Jeune enfant assis dans une chaumière, un poëlon sur les genoux, et mangeant. En hauteur. — Rare épreuve avant toutes lettres. A l'état d'eau-forte.

SCHULTZE

662 — La Malheureuse comtesse de *La Motte*. In-4. — Belle épreuve, marge.

SCHUPPEN (P. Van)

663 — *Bordier* (N.) intendant des finances. D'après J. Dieu. In-fol. — Belle épreuve.

SERGENT (A.)

664 — The Magnetism (Le Magnétisme), — The Day's folly (La folie du jour). Deux pièces de formes rondes, faisant pendant. En couleur. — Très belles épreuves, sans marges.

665 — Il est trop tard. Epreuve sans marges et vernie.

SICARDI (d'après)

666 — Come la Trovate ? — Oh che Gusto ! Deux pièces gravées par Copia. En couleur. — Très belles épreuves, grandes marges.

SILVESTRE (Israel)

667 — Marche des Mareschaux de Camp et des cinq quadrilles, depuis la grande place derrière l'hostel Vendosme jusqu'à l'entrée de l'Amphitéatre. Grande pièce en forme de frise. — Superbe épreuve, avec marge.

SYLVESTRE (Israël)

668 — Vues de France et d'Italie, Cent soixante-seize pièces. — Belles épreuves.

669 — Vues des principaux châteaux de France, — Vues d'Italie, — Les Églises et Stations de Rome, — Les Églises de Paris, par J. Marot, etc. Quatre-vingt et une pièces. — Belles épreuves.

670 — Livre de diverses perspectives et Paisages faits sur le naturel, par Israël Silvestre. Quinze pièces.

SILVESTRE (I.) et G. AUDRAN

671 — Vue et perspective du château de Gaillon, appartenant à Monseigneur l'archévêque de Rouen, — Eglise de l'abbaye royale de Saint-Ouen de Rouen, vue du coste du Midy. Deux pièces. — Belles épreuves.

SUBLEYRAS (d'après)

672 — Le frère Luce. Gravé par Élluin. In-fol. En hauteur. — Très belle épreuve.

TARDIEU (A.)

673 — *Marie-Antoinette*, Reine de France, en pied et costume de vestale, d'après F. Dumont. — Superbe épreuve avant la lettre, marges.

674 — Mme de *Villars*, représentée sous la figure de sainte-Geneviève. In-fol. — Belle épreuve.

TASSAERT (A Paris, chez)

675 — Le Triumvir *Robespierre*, représenté en buste, pressant un cœur dont le sang coule dans une coupe. In-4. — Très belle épreuve. Très rare.

THOMAS

676 — *Mirabeau* (Victor de Riquetti, marquis de), grand-croix de l'ordre de Vasa. In-4. — Très belle épreuve avant la lettre.

TAUNAY (d'après)

677 — Noce de Village, — Foire de Village, — Le Tambourin, — La Rixe. Suite de quatre pièces gravées en couleur par Descourtis. — Très belles épreuves.

678 — Foire de Village, — Le Tambourin. Deux pièces gravées en couleur par Descourtis. — Belles épreuves, mais
manquant de conservation.

TOUZÉ (d'après J.-L.)

679 — Tableau magique de Zemire et Azor. Gravé par Voyez,
le jeune. — Très belle épreuve, grandes marges.

TROLL

680 — Vues du jardin des Tuileries. Trois pièces. — Très
belles épreuves. Rares.

DE TROY (d'après)

681 — Le Jeu du pied de bœuf, par C. N. Cochin. — Très
belle épreuve.

VALPERGA (L.)

682 — *Arnaud* (François), abbé de Grand-Champ. D'après
Duplessis. In-fol. — Très belle épreuve avant la lettre.

VANLOO (d'après C.)

683 — La Sculpture, — La Musique, — L'Architecture.
Trois pièces gravées par Fessard. — Belles épreuves,
mais manquant de conservation.

VANLOO (d'après)

684 — Lonis XVI et Marie-Antoinette. Deux portraits faisant
pendant, gravés par Dupin. In-fol. — Belles épreuves.

VARIN

685 — Vue de Constantinople. — Rare épreuve à l'état d'eau-
forte.

VASI

686 — Vues intérieures et extérieures du Vatican. Trois grandes pièces en six feuilles. — Très belles épreuves, marges. *Lesouef* 60.

VERNET (d'après)

687 — Calèche à quatre chevaux. — Rare épreuve d'essai, avant la lettre, non terminée.

VIGNETTES POUR ILLUSTRATION

688 — *Adresses.* Aux armes du prince Louis de Rohan, — Mignac, tailleur de S. A. S. Monseigneur le Prince Louis. — Belle épreuve avec marges. Rare.

689 — *Anonyme.* Vignette in-4, de forme ovale, sans noms d'artistes, pour le Barbier de Séville. — Rare.

690 — *Anonyme.* Vignettes in-8, pour la Pucelle de Voltaire. Quatre pièces. — Très belles épreuves, grandes marges.

691 — *Boizot.* Trois vignettes in-8, d'après Boizot, pour la mort d'Abel. Poème par Legouvé. — Très belles épreuves, grandes marges.

692 — *Borel.* Six vignettes in-8, gravées par De Launay, pour Tom Jones. — Belles épreuves avant la lettre, grandes marges.

693 — *Chasselat.* Vignettes in-8, pour les œuvres de C. Delavigne et autres. Vingt-deux pièces avant la lettre, en partie sur chine.

694 — *Chodowiecki.* Vignettes in-8 et in-18, pour la nouvelle Héloïse et les œuvres de Voltaire. Seize pièces.

695 — *Cochin* (C. N.). Vignettes pour l'Histoire du Languedoc. Cinquante et une pièces gravées à l'eau-forte, d'après Cazes. — Très belles épreuves.

696 — *Cochin* (d'après). Pandore, — Rien n'est beau que le Vrai. Deux vignettes in-8, gravées par Aug. de Saint-Aubin. — Très belles épreuves.

697 — *Cochin.* Sept gravures in-8, pour Lucrèce. — Epreuves avant la lettre, grandes marges.

VIGNETTES POUR ILLUSTRATION

698 — *Cochin, Moreau, Eisen,* etc. Suite complète de quarante-six gravures in-8, pour Roland furieux, poème de
l'Arioste. — Très belles épreuves.

699 — *Couché.* Suite de gravures in-8, pour les Journées de la
Révolution. Vingt pièces.

700 — *Desenne.* Cinq gravures in-8, dont un portrait, pour les
œuvres d'Andrieux.

701 — *Desenne.* Vignettes in-18, pour les contes de La Fontaine. Vingt-quatre pièces. — Très belles épreuves avant
la lettre.

702 — *Deveria.* Suite de trente lithographies in-4, compositions pour les Contes de Lafontaine.—Très belles épreuves.

703 — *Divers.* Vignettes in-8, pour les Œuvres de La Fontaine,
Molière, Berquin, etc. Vingt pièces, d'après Gravelot,
Desrais, Brissard, Boucher, Marillier, etc. — Très belles
épreuves.

704 — *Divers.* Vignettes in-8 et in-4, pour illustration des
Œuvres de La Fontaine, pour Télémaque, etc. Trente-huit
pièces. Gravures et lithographies, par Vernet, Cochin,
Boilly, etc.

705 — Vignettes in-8, pour les Œuvres de Molière, Chateau-
briand, etc., d'après Vernet, Desenne, Deveria et Eisen.
Trente-sept pièces. — Belles épreuves.

706 — Portrait de J. J. Rousseau, d'après Latour, et treize
titres, d'après Boucher, Marillier, Monnet, etc., pour les
Œuvres de Rousseau. Édition in-8. Quatorze pièces.

707 — Six vignettes in-8, d'après Moreau et Dupréel, pour les
Œuvres de J. J. Rousseau.

708 — *Divers.* Suite de vingt-trois vignettes satiriques sur
Voltaire. In-8. Gravées à l'eau-forte. — Très belles épreuves du premier état, avant les numéros. — Rares.

709 — Dix-neuf pièces doubles de la suite précédente. — Très
belles épreuves avec les numéros.

VIGNETTES POUR ILLUSTRATION

710 — Vignettes et portraits pouvant servir pour illustrer une histoire de la Révolution. Trente pièces.

711, — Dix vignettes in-8, d'après Binet, Borel, Cochin, Gravelot, pour La Paysanne pervertie, — Télémaque, etc.

712 — Huit vignettes in-8, d'après Moreau, Lebarbier, Martini, Cochin et Monet, pour Télémaque, — Le Jugement de Pâris, — Le Lutrin de Boileau, etc. — Belles épreuves.

713 — Vignettes historiques, — Gravures et Lithographies. Quarante pièces.

714 — Vignettes in-18, pour un almanach du commencement du siècle. Treize pièces imprimées sur une même feuille. — Très rares épreuves à l'état d'eau-forte.

715 — *Divers*. Têtes de Pages, frontispices et vignettes, d'après Cochin, B. Picart, Blondel, Bertaux, Loutherbourg et Lebarbier. Treize pièces.

716 — *Divers*. Vignettes in-8, pour les chansons de Laborde, — Le Molière de Bret, — Les Grâces, — Les Contes de La Fontaine, — Regnard, — Racine, — Télémaque, etc., par Moreau, Eisen, Fragonard, Boucher, Lebarbier, etc. Quarante-six pièces, dont plusieurs avant la lettre.

717 — Alphabet, — Cartouches ornementés, — Lettres ornées, — Costumes militaires et vignettes diverses, — Portraits, etc. Cent six pièces.

718 — Les Vierges, d'après Raphaël, et autres peintres célèbres. Vingt-deux pièces, avant et avec la lettre.

719 — Vignettes pouvant servir pour illustration de catalogues de musées. Cinquante pièces.

720 — *Duclos*. Suite de quatre vignettes in-4, pour les Deux Chasseurs et la Laitière, comédie. — Belles épreuves, avec marges.

721 — *Duplessis-Bertaux*. Vignettes in-18, pour la Pucelle, les Contes de Lafontaine et les Petits conteurs. Cent treize pièces, avant et avec la lettre, grandes marges.

VIGNETTES POUR ILLUSTRATION

722 — Pièces doubles de la suite précédente et vignettes d'après Desenne. Quarante-six pièces pour les Contes de La Fontaine. — Epreuves avant la lettre.

723 — *Eisen* (d'après Ch.). Suite complète de huit gravures in-8, gravées par de Longueil, pour les Idylles polonaises. — Superbes épreuves, toutes marges.

724 — En-tête pour le VIIIe baiser. Gravé par De Longueil. — Epreuve avant la lettre.

725 — Les Quatre Saisons, fleurons. — Belles épreuves, marges.

726 — *Flameng*. Quatre gravures in-8 et un portrait, pour les Œuvres de Mme de Caylus, publiées par Techener en 1860. Deux suites avant la lettre, dont une avant la bordure.

727 — *Foulquier*. Vignettes gravées à l'eau-forte, pour Molière et Racine. Cinq pièces. — Epreuves avant la lettre.

728 — *Gérard* (d'après). Suite de onze gravures grand in-4, par divers graveurs et un portrait, pour *Les Lusiades* de Camoëns. — Superbes épreuves avant la lettre, sur chine, excepté le portrait, qui est sur blanc. Manque le portrait de M. de Souza.

729 — *Gravelot*. Suite complète de trente-cinq gravures in-8, par divers graveurs, pour les œuvres de Corneille. Edition de 1764. — Très belles et rares épreuves du premier état, avant la bordure.

730 — Vignettes in-4, gravées par Helman, Duclos et Simonet, pour les œuvres de Corneille. Trois pièces. — Belles épreuves.

731 — Vignette in-4, gravée par Simonet, pour la partie de chasse de Henri IV.

732 — Suite complète de treize gravures in-8, pour la nouvelle Héloïse. — Belles épreuves, marges.

733 — Vignettes grand in-4, par divers graveurs, pour le Œuvres de Voltaires. Quarante-neuf pièces. — Très belles épreuves.

VIGNETTES POUR ILLUSTRATION

734 — *Gravelot*. Suite complète de vingt et une gravures in-8, pour la Pucelle de Voltaire. — Très belles épreuves.

735 — *Gravelot et Petity*. Vignettes allégoriques pour le mariage de Louis XV. Dix pièces.

736 — *Guyot*. Quatre gravures de formes rondes, gravées en couleur et imprimées sur deux feuilles d'après Dutailly, pour Paul et Virginie. — Très belles épreuves, marges.

737 — *Lefèvre*. Suite complète de douze gravures in-18, gravées par Godefroy, pour Ollivier, poème par Cazotte. Paris, Didot, 1798. — Superbes épreuves avant la lettre, grandes marges.

738 — Six pièces doubles de la suite précédente. — Très rares épreuves à l'état d'eau-forte, grandes marges.

739 — La même suite complète. — Très belles épreuves avec la lettre, marges.

740 — Suite complète de dix gravures in-18, gravées par Masquelier, pour les Voyages de Gulliver. — Superbes épreuves, imprimées à deux sur une même feuille, grandes marges.

741 — *Lefèvre et Lebarbier*. Suite complète de vingt-quatre gravures in-18, pour les aventures de Don Quichotte. — Très belles épreuves, marges.

742 — *Marillier*. En-têtes de pages pour les fables de Dorat. — Belles épreuves avant la lettre.

743 — Suite complète de vingt-cinq gravures in-8, dont un portrait gravé par Hubert, d'après Vivien, pour les aventures de Télémaque. — Très belles épreuves avant la lettre.

744 — Suite complète de vingt-cinq gravures in-4, gravées par Dambrun, Delignon, de Ghendt, etc., pour les œuvres complètes d'Homère, 1786. — Très belles épreuves.

745 — Sept vignettes in-8, pour le Nouvel Abeïlard. — Belles épreuves.

VIGNETTES POUR ILLUSTRATION

746 — Suite de cinq vignettes in-8, pour Tangu et Felime, poème en quatre chants, par de La Harpe. — Belles épreuves, marges. *1*

747 — Vignettes in-8, pour les œuvres de Rousseau, édition Cazin. Neuf pièces. — Belles épreuves.

748 — *Marillier et Chodoviecki*. Deux suites complètes de vignettes in-8, pour Clarisse Harlowe. Trente-six pièces.

749 — *Monnet*. Suite complète de vignettes in-8, gravées par Née, Ponce, Masquelier, etc., plus un portrait et un titre, avec le portrait de Corneille, pour le Temple de Gnide. — Belles épreuves. *10*

750 — Suite complète de sept gravures in-4, avec bordures, gravées par Choffard, Dambrun, Delignon, de Ghendt, Lingée, pour Lucrèce. Paris, chez Bleuet, l'an deuxième de la République. — Superbes et très rares épreuves avant la lettre, toutes marges. *6*

751 — *Monnet*. La Même suite complète. — Très belles épreuves avant la lettre, les bordures effacées. *3*

752 — La Même suite. — Épreuves avec la lettre. *2*

753 — Vignettes in-8, gravées par Delignon, pour les œuvres de Crébillon. — Épreuves avant la lettre.

754 — *Monnier*. Suite complète de cinquante-cinq vignettes in-8, pour les chansons de Béranger, — Très belles épreuves. En couleur, marges. *8*

755 — *Béranger*. Vignettes in-8, à claire-voie, pour les chansons de Béranger. — Épreuves sur chine des huit pièces supplémentaires. *De M. 50*

756 — *B. Picart*. Suite complète de vingt-deux gravures in-8, dont un titre, pour l'Alcoran des Cordeliers. — Très belles épreuves, imprimées à deux sur une même feuille. *1*

757 — *Prud'hon, Girodet, Chaudet*, etc. — Très belle réunion de gravures, pour le Racine in-fol. de Didot. Quatre-vingt-quatre pièces, dont plusieurs doubles avant la lettre et à l'eau-forte. *22*

VIGNETTES POUR ILLUSTRATION

758 — *Queverdo* (d'après F. M.). Suite de vignettes grand in-4, avec bordures, gravées par Dambrun, de Longueil, Delignon, etc., pour la Henriade. Huit pièces. —Superbes épreuves, toutes marges.

759 — *Queverdo*. Vignettes in-18, avec bordures, gravées par Dambrun, Delongueil, Gaucher, Ingouf, Hubert, etc., pour les œuvres de Florian. Quatre-vingt-onze pièces. — Très belles épreuves.

760 — *Regnault*. Suite complète de dix gravures in-18, gravées à l'eau-forte par Bertaux, et terminées par Baquoy, de Ghendt, Halbou, Lingée, Patas et Ponce, pour le Temple de Gnide, de Montesquieu. Paris, Didot jeune, 1795. — Superbes et très rares épreuves avant la lettre, marges.

761 — *Saint-Quentin*. Suite complète de cinq gravures in-8, gravées par Liénard, pour le Mariage de Figaro. — Très belles épreuves, marges.

762 — *Westall*. Suite complète de six vignettes in-8, pour les Mille et une nuits. — Très belles épreuves avant la lettre, sur chine, grandes marges.

VIGNON (d'après)

763 — Marie *Stuart*, reine d'Écosse, représentée en pied; dans le fond, la scène de son supplice. In-fol. — Belle épreuve.

VINKELES

764 — Une scène de comédie. — Très belle épreuve avant toutes lettres, marges.

VOYEZ, ROMANET et BIOSSE

765 — *Marie-Antoinette*, — Elizabeth-Philippe-Marie-Hélène de France, — Madame Marie-Louise-Thérèse-Victoire de France. Trois portraits in-4, d'après Vanloo, Fontaine et Nattier, — Belles épreuves.

WARTELL

766 — Marie-Antoinette, reine de France. In-4. — Très belle épreuve.

WATELET

767 — Marguerite *Leconte*, représentée en couseuse. In-4. Avant la lettre, marge.

WATTEAU (d'après Ant.)

768 — Assemblée galante, par Le Bas. — Très belle épreuve.

769 — Bon voyage, par Crepy fils. — Belle épreuve, marge.

770 — Le Bain rustique, par Ant. Cardon. — Très belle épreuve, marge.

771 — Le Chat malade, gravé par J.-E. Liotard. — Très belle épreuve, avec grande marge. Rare.

772 — L'Enseigne, par Aveline. — Très belle épreuve. Manquant de condition.

773 — *Au jeu d'escarpolette, Acis voit sa bergére.* A Paris, chez Dupin. — Très belle épreuve.

774 — La Mariée de village, par Cochin. — Belle épreuve, sans marge.

775 — L'Occupation selon l'âge, par Dupuis. — Très belle épreuve, grande marge.

776 — Le Plaisir pastoral, gravé à l'eau-forte, par le comte de Caylus. — Belle épreuve, grandes marges. un peu déchirées.

777 — Le Rendez-Vous, composition de cinq figures, par P. Mercier. — Très rare épreuve, avant toute lettre.

778 — *Voulez-vous triompher des belles ?* par Thomassin. — Belle épreuve, grandes marges.

WATTEAU (d'après L.)

779 — La quatorzième expérience aérostatique de M. Blanchard, accompagné du chevalier Lepinard, faite à Lille en Flandre, le 26 août 1875. Gravé par Helman. — Très belle épreuve, avant la dédicace.

WATSON

780 — Moïse sauvé des eaux. In-fol. En manière noire.— Très belle épreuve.

781 — Buste de femme, dans un médaillon ovale in-fol. — Belle épreuve.

782 — *Pompadour* (Mme la marquise de Pompadour). In-fol. A la manière noire, d'après Boucher. —Superbe épreuve.

WORLIDGE

783 — Portrait de l'artiste, représenté dessinant, gravé à l'eau-forte. — Très belle épreuve. Collection Esduile.

PARIS. — Imprimerie PILLET ET DUMOULIN, rue des Grands-Augustins, 5.

www.ingramcontent.com/pod-product-compliance
Ingram Content Group UK Ltd.
Pitfield, Milton Keynes, MK11 3LW, UK
UKHW021645130726
13696UKWH00004B/1413

9 782014 451122